한여름 밤의 연가

김기덕 산문집

황금마루

김기덕 시인은 강원도 동해시에서 출생하여 동해 북평중학교와 강릉제일고등학교(전 강릉상업고등학교 문과)를 거쳐 서울대학교 상과대학을 졸업하였고, 고려대학교 경영대학원과 홍익대학교 대학원을 마쳤다.

경영학 박사이며 공인회계사인 시인은 동부건설(주) 사우디아라비아 현장 관리부장을 거쳐 동부건설(주) 부사장과 감사, 삼일회계법인 고문, 외환은행 사외이사, 홍익대학교 교수를 역임하였으며, 현재 〈동곡재단〉 산하 삼동흥산(주) 회장을 맡고 있다.

월간 〈한맥문학〉에서 수필로, 〈한국문인〉에서 시로 등단하였고, 한국문인협회, 새한국문학회, 백교문학회 회원과 공간시낭독회 명예회원으로 활동하고 있으며, 저서로는 일찍이 「건설회계학(建設會計學)」을 출간하였고, 시집으로 「종이배의 행로」와 수필집 「한여름 밤의 연가」를 상재했다

• 이메일 : kdkim0526@hanmail.net
• Mobile : 010-5472-4188

• 표지와 내지 그림 : 강정구

첫 산문집을 내면서

지나온 내 삶을 되돌아보면, 인생의 사계(四季) 중에서 깊은 가을을 지나 겨울의 초입새에 들어온 듯싶다. 자연의 계절에는 입춘을 지나 우수, 경칩이 오면 새봄을 맞이하지만, 내 인생의 겨울은 아직 오십 리가 남았는지 백 리가 남았는지, 오직 창조주만이 알고 계실 일이다.

내 인생을 자연에 빗대어 네 계절로 구획지어 보면, 젊음이 고동쳤던 학창 시절의 봄은 아련한 추억으로만 남아 있고, 삶의 한복판에서 왕성한 사회 활동을 했던 불볕더위 여름이 있었으며, 그리고 비록 짧았지만 내 생에서 가장 영예스러웠던 캠퍼스 생활의 가을을 지나, 교수 은퇴 후 몸담고 있는 그룹의 후선 활동기인 초겨울을 지나가고 있다.

나는 학창 시절부터 황혼에 접어든 지금까지도 내 삶의 흔적을 기록으로 남기는 습관을 가졌던 까닭에, 그중에서도 고교 2학년 때의 '학원일기'와 대학 2,3학년 때의 '대학일기' 노트가 고향 생가에 고스란히 보존되어 있는 것을 찾았을 때의 감동은 아직까지도 생생하게 남아 있다.

그리고 바빴던 직장 생활 중에는 학창 시절 때와 같은 자질구레한 생활의 편린들만 적은 것이 아니고, 나름대로 인생을 관조

해 가면서 사물을 보고 그에 맞는 제목을 붙여 쓴 산문 형식에 가까운 노트도 몇 권 남겼다.

인생의 가을에 접어든 시기에 늦깎이 대학 교수가 되어 캠퍼스에서 학생들과 더불어 지낼 때에는, 그들의 영혼에 초점을 맞추어 그들의 젊고 맑은 영혼 속에서 내 삶의 보람과 희망을 함께 찾아 내어 손끝이 풀려가는 대로 습작한 글의 알곡들을 여러 편 거둬들였으며, 그 시절 쓴 글로 한 문예지에서 수필가로 등단하기도 했다.

이 산문집은 내 인생의 봄, 여름, 가을 그리고 초겨울에 써 온 일기와 기록들을 원본에 가급적 충실하면서 산문 형식으로 다시 정리한 것으로, 경우에 따라서는 글이 매끄럽지 않을 수도 있고, 수필 문학의 미학(美學) 측면에서 볼 때도 많이 부족한 점이 있을 것이다.

한편, 50년대 말부터 꾸준히 써 온 글들에 그날그날의 날짜를 정확하게 적어 놓았기에, 내 개인적 삶의 궤적에서 동시대적 배경을 짚어 볼 수 있는 것이 다른 산문집과 굳이 다르다면 다를 수 있겠다.

삶에 뚜렷한 족적도 남기지 못한 나에게 '왜 인생의 한겨울에 스스로를 발가벗기는 이러한 산문집을 내느냐'는 아내의 염려에도 불구하고 내가 자전적 에세이집을 내기로 결심한 데는, 학창시절부터 써 온 일기와 기록물들을 그냥 묻어 두기에는 아쉬움이 남을 것이 분명하기 때문이다.

그렇지만 '글은 곧 사람이다.'라는 말이 있듯이, 나의 이 글들은 일반 독자, 그중에서도 평소 나를 잘 아는 친구들과 지인들 앞에 발가벗고 선 내 모습이려니 생각하니, 마음 한 가닥 부끄러움과 두려움이 앞서기도 한다.

이번 산문집에는 평소 읽고 나서 노트에 적어 놓았던 나름대로 의미 있는 좋은 글을 더러 인용하기도 했다. 그렇게 함으로써 글쓴이의 신변 이야기에다가 그의 품격에서 우러나오는 가치가 가미되었을 때 살아 숨 쉬는 글이 된다는 수필 이론에 조금이라도 가까이 다가가려고 했을 뿐만 아니라, 아내의 불만에 대한 변(辨)으로도 삼고저 하였다.

끝으로 일흔 중반에 접어든 내 삶의 대부분을 차지했던 여름, 가을, 초겨울의 인생길을 걷게 해주신 동부그룹 김준기 회장님께 무어라고 감사의 인사말을 드려야 할지 아직까지 그 말을 찾지 못하고 있다. 내 삶 자체가 '동부'인 나로서 그 말을 찾아낼 때, 비로소 회장님께 고마움의 그 말을 전할 수 있을 것이다.

그리고 이 산문집의 표지와 간지에 싣도록 그림을 보내 주어 책을 아름답게 장식해 준 대학 동창 강정구 화백과, 이 책을 어디에 내놓아도 손색이 없도록 꾸며 주신 〈황금마루〉 출판사에도 깊은 감사의 마음 전한다.

마지막으로 겨울을 나고 있는 할아버지에게 따뜻한 방한복 역할을 해 주고 있는 사랑하는 손주들, 주호, 준호, 서영, 정헌에게 할아버지의 선물로 이 책을 안겨 주며, 장차 그 후손들에게도 우리 집안의 문집(文集)으로 이 책이 대를 이어 전해 내려갔으면 하는 바람을 가져 본다.

유명 소설가 밀란 쿤데라가 '진짜 인간이 가진 불멸은 자기 이름을 가진 책을 남기는 것'이라고 말했듯이, 나의 손주들도 나중에 커서 할아버지의 이 책에 대한 한줄기 소망을 이해해 주었으면 한다.

2014. 6. 梨園

♣ 목차

2부 • 홍해의 노을

3부 • 행상하는 여제자

4부 • 생가 노송

1부 • 한여름 밤의 연가

학원일기

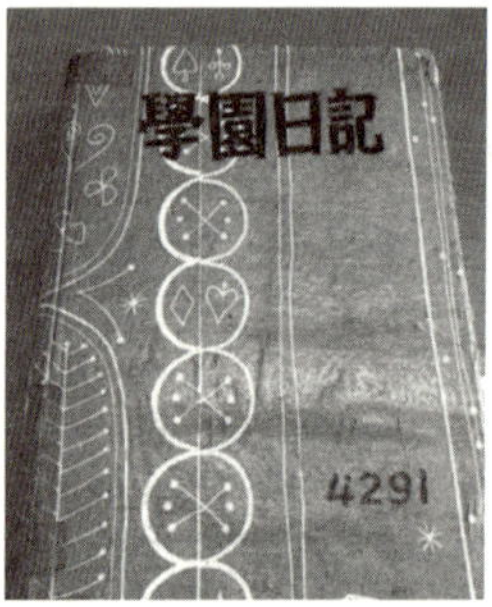

나와 일기의 인연은 참으로 오래 된 것 같다.

초등학교 때는 누구나 숙제로 일기를 썼을 테지만, 6·25 전쟁 중에 남아 있을 리 없고, 중학교 때는 3년 내내 꼬박꼬박 일기를 썼으나 종이가 귀한 시절이라 군대 생활 중 휴가를 와서 보니 그 일기장을 모두 화장실 휴지로 써 버린 것을 알게 되었다.

나의 중학생 시절은 전쟁 직후 경제적으로는 가장 궁핍했던 시절이었음에도 불구하고, 나는 고기가 물 만난 듯 각종 구기 선수로 이름을 날렸고, 또한 도서반장으로 도서실에서 마음껏 책을 읽으면서 어머님의 가득한 사랑 속에 학교를 다녔던 때로서, 칠십 평생 살아온 내 일생을 되돌아 보면 그 시절이 가장 행복한 때가 아니었나 생각된다. 비록 학교가 파한 후 지게 지고 산에 가서 나무를 해 오기도 했지만, 이처럼 즐겁게 공차고 공부했던 그 시절의 일기장이 사라짐으로 인하여, 지나온 내 삶의 시(時) 공간에서 볼 때 중학 시절 3년이 빈 칸으로 남게 되어 일기장 생각을 하면 지금도 아쉽기 그지없다.

여러 해 전, 고향 생가 서가에서 고등학교 2학년 때인 단기

4291년(서기 1958년) 학원사(學園社)에서 발간한 《학원일기》에 1년간 매일 한 면씩 쓴 일기장을 우연히 찾아서 서울로 가지고 왔다.

내가 태어나서 자란 곳은 지금은 동해시(東海市)로 이름이 바뀐 옛 삼척군 북평읍(일명 뒷들)이며, 고등학교는 그 당시 대처인 강릉으로 유학을 갔다. 지금은 강릉-동해 간 고속도로가 뚫려 30분이면 닿을 수 있으나, 그때는 방학이 되어서야 집에 갈 수 있어서 그 일기장에는 어린 나이에 지척에 둔 고향 집에 대한 그리움과 대학 진로 고민 등이 많이 등장하고, 자유당 말기 부정선거 등 사회 혼란상도 자주 쓰여져 있다. 나는 고등학교 때의 이 일기장을 찾은 후 그 기쁨이 얼마나 컸던지 '재탄생'이란 제목으로 일기를 쓰기도 하였다.

까마득한 골동품 같은 《학원일기》에 적힌 그 당시 나름대로 의미가 있었던 날의 일기 몇 대목을 제목만 새롭게 붙여 그대로 옮겨본다.

〈2000. 7. 17〉

새해 다짐

기해(己亥)년 새해를 밝히는 광명의 해가 동녘 바다에서 힘차게 솟아오른다. 올봄 2학년으로 진학한 후 금년 한 해가 지나면 내년에는 나의 전 생애(生涯)를 좌우할 3학년이 된다.

금년과 내년 이태 동안은 고등학교에 진학하자 가슴속에 높은 이상으로 품고 있던 '서울대학교 입학'이라는 목표를 향해 매진해 나가야 하는 중요한 해임에도 불구하고, 방학이 되어 집에만 돌아오면 죽마고우(竹馬故友)들과 노는데 정신이 빠져 책과는 담을 쌓는 한심한 처지가 되어버린다.

강릉의 반 친구들은 지금 이 순간에도 책들과 씨름하고 있으려니 하는 생각에 미치자, 이처럼 의지가 약한 나 자신이 한없이 부끄럽기조차 하다.

신문에는 지난해 민주주의의 조종(弔鐘)을 알리는 기사로만 가득 차서, 비록 양력설이지만 설 기분이라고는 전혀 나지 않는다.

툭하면 정전(停電)되는 요즘, 촛불 켜 놓고 이웃집에서 벗들과 밤늦도록 놀다가 한밤중에 밖으로 나서자, 올해 첫달이 온 누리를 교교히 비추고 있다.

〈1958. 1. 1〉

백설부(白雪賦)

아침에 눈을 떠 창문을 열자, 대지(大地)는 백설로 애애하고 눈 맞으며 등교하는 발걸음도 한결 유쾌하고 가볍다.

수업 중에 창밖을 내다보려니, 내리는 눈이 하루 종일 멈추지 않아 아무래도 공부에 집중이 되지 않는다. 대체 하늘 어디에서 내 마음을 달래 주는 이처럼 지고(至高)한 선물을 지상에 내려 주는 걸까! 눈은 성(性)을 갖지 않은 나의, 아니 전 인류의 애인인 것만 같다.

내리는 눈을 보면 집에 대한 그리움이 한층 더해져서, 이번 구정에는 어떻게든 집에 다녀오려 한다.

쉴 새 없이 눈이 내리는 가운데 우리들은 강당에서 졸업가(卒業歌)를 배웠다. 졸업생이 아니어도 벌써부터 가슴이 설레인다.

저녁에 홍명식 조카가 서울대학교 입학생 모집요강을 가져왔다. 상과대학(商科大學) 에는 상학과, 경제학과, 무역학과의 3개 학과로 되어 있었는데, 이 요강을 보는 순간, 마음속으로 막연히 꿈꾸던 상대(商大)에 응시해야겠다는 각오가 새롭게 불타오른다.

집에 있는 《신태양(新太陽)》 잡지에서 화려한 서울 거리를 보면서, 어떻게 하면 서울 구경을 한번 빨리 해 볼 수 있을까 하고 속절없이, 금방 이루어질 수 없는 희망을 한번 가져 본다.

〈1958. 1. 29〉

* 1년간 방을 함께 쓴 홍명식 외조카는 나보다 2년 선배로서 그 해 서울대학교 공과대학 기계공학과에 합격하였으며, 그 후 나의 대학 입시 공부에 많은 도움을 주었다.

동맹 휴학

아침부터 억수같이 비가 내리고 있다.

책가방을 들고 등교를 하는데 강릉초등학교 앞에서 우리 학교 학생들이 모두 되돌아오면서 스트라이크(동맹 휴학)가 일어났다고 했다.

나도 같이 발걸음을 돌리면서 어안이 벙벙하고, 처음 당하는 동맹 휴학이라서 가슴까지 두근거린다.

들리는 이야기로는 그 사이 영동지역 최고의 명문대 진학률을 올린 우리 학교를 '영동의 경기고'로 불릴 정도로 열정을 쏟은 조현옥 교장 선생님의 선생님들에 대한 지나친 독려에 지친 몇몇 분들이, 3학년 대대장을 비롯하여 세 사람의 주동자를 사주하여 일으킨 조 교장 배척 스트라이크라는 것이다. 2학년생들인 우리들한테 어떠한 영향을 미칠지 내심 한 가닥 걱정이 인다.

저녁에는 《탕자(蕩子)의 변(辯)》이란 전숙희(田淑禧) 수필집을 읽었는데, 어쩌면 이처럼 좋은 책을 아직까지 읽지 못했는지 아쉬움마저 든다.

책을 읽으려니, 밤중에 집에서 멀지 않은 사범학교에서 울려오는 풍금 소리가 은은히 들려와서 수필 읽는 운치를 더해 주고 있다.

〈1958. 4. 25〉

사범학교 체육 대회

화창했던 봄 날씨가 흐려지기 시작했다.

수업이 끝난 후 나는 사범학교에 다니는 중학교 친구들의 권유에 따라 사범학교 교내 체육 대회에 구경을 갔다. 남녀 학생들이 대학 입시라는 부담 없이 쾌활하게 마음껏 뛰노는 것을 보니 그들이 한없이 부러워 보였다.

나도 대학 진학이란 원대한(?) 포부를 품고 상고(문과 반)에 진학하지 않았더라면, 중학교를 졸업하고 무시험으로 합격한 이 사범학교에 다니면서 저들처럼 입시라는 큰 짐을 내려놓고 내 특기인 운동 솜씨를 한껏 뽐냈으련만….

신문에는 이번 국회의원 선거 개표 결과 자유당 126명, 민주당 79명, 무소속 27명, 통일당 1명이 당선되었다는 기사와 함께 '피아노식 개표', '박쥐식 개표', '릴레이식 투표' 등 부정선거 사례도 함께 폭로하고 있다.

〈1958. 5. 8〉

강상 – 강농 축구 대회

오늘은 농고와 축구 시합이 있는 날이다.

아침부터 우리 마음은 두근거리기 시작한다. 철도운동장에 농고생들보다 먼저 도착하여 북쪽 편에 자리를 잡았다. 양교 재학생과 졸업생을 포함하여 수많은 관중이 모인 가운데 휘슬이 울리자, 5분이 안 되어 우리 팀이 먼저 한 골을 먹어 풀이 죽어 있는데, 채 2분이 지나지 않아 우리 팀이 골을 넣어 1 : 1로 전반전을 마쳤다.

후반전에 들어서 우리 팀이 훨씬 우세하자 농고 팀은 드러내놓고 우리 팀 선수들을 까느라고 정신이 없었으나, 결국 우리 학교가 3 : 2로 개교 이래 최초로 승리했다.

우승컵을 높이 쳐들고 돌아오는 발걸음은 한없이 가벼웠으며, 봉납식(奉納式)때 심영수 교장 선생님은 우리학교 닉네임을 '영동의 Lion'이라고 불러 주면서 자랑스러워 하셨다.

농고생들은 게임에서 지자 농기구를 들고 우리 학교로 쳐들어오려고 하였으나, 경찰과 선생님들의 제지로 뜻을 이루지 못하자 시내에서 우리 학교 학생들을 무차별 구타했다.

저녁에는 삼문사(三文社) 서점에 책 구경을 가서 누님이 말하던 소월시집(詩集)《진달래꽃》한 권을 사고 싶은 마음으로 만지작거렸으나, 책값이 800환이나 되어 사지 못하고 돌아오는 발걸음이 무거웠다.

〈1958. 10. 5〉

* 강상(江商), 강농(江農)은 그 이후 시대의 흐름을 이기지 못하여 교명을 강릉제일고, 강릉중앙고로 개명하였으며, 새 교명으로 치러지는 제일고-중앙고 축구 정기전은 강릉 단오축제 중 최고의 하이라이트로 자리 잡아 강릉 지역 사회의 전통으로 이어져 오고 있다.

대학일기 노트

얼마 전 제사 보러 올라오신 형님께서 고향 집 벽장 장롱 깊숙이 보관되어 있던 나의 각급 학교 졸업장, 상장, 성적 통지표 등 학창 시절의 행장을 찾아 갖고 오셨다.

나도 언젠가는 생가에 보관되어 있던 이 행장들을 가져와야지 하고 생각은 하고 있었으나, 이 행장들마저 가져오면 호적을 파오듯 고향의 영혼을 파오는 듯싶어 뭉그적거리던 중에 형님께서 용단을 내려 갖고 오신 것이 나로서는 오히려 잘 됐다는 생각이 들기도 했다.

그 행장들 속에는 대학 노트도 한 묶음 들어 있는데, 그 노트들을 들춰 보니 대부분이 대학 노트의 반도 채우지 못하고 한 학기 수업이 끝났으며, 경제학 노트는 처음부터 끝까지 그래프만 그려져 있는 것이 새삼스러워 보였다.

까마득한 반세기 전 대학 노트를 집에 보관하고 있는 것이 별 의미도 없을 것 같고, 이제는 주변을 정리해야 하겠다는 생각에서 어느 날 그 노트들을 아파트 폐지 수거함에 버리려는 순간, 마침 그 자리에 와 있던 고서 수집상이 그처럼 오래된 노트를 함부로 버리지 말고 어디 도서관이나 박물관 같은데 기증하면 좋을 것 같다는 말에 방으로 도로 갖고 왔으나 그런 곳을 찾는 일이 쉬운 것도 아니고, 아직도 서가 천장에 세월의 상흔만 뒤집어쓴 채

놓여 있는 것이 보기에 측은하여 괜히 그 수집가의 말을 들었나 후회마저 든다.

그 노트 중에는 내가 대학교 2,3학년 때 매일 쓴 일기장도 두 권 들어 있다. 그 일기장에는 수업료와 하숙비 걱정, 가정교사 하면서 가르치던 학생들이 속 썩이던 일, 그리고 무엇보다 3학년 여름 방학 때 가슴 속으로 끓어오르는 연정을 삭이며 누이동생 친구인 여고 3학년생과 방둑에서 세레나데 부르며 함께 보냈던 두 달간의 애잔했던 기록이 어제 일처럼 생생히 적혀 있다.

인생의 황금 시절인 대학 생활 중에서 지금 되돌아 보면 아름다웠던 옛 추억으로 되살릴만한 몇몇 일기 토막을 그대로 옮겨 본다.

〈2005. 8. 15〉

* 최근 대학 동창회보에서 서울대학교 개학 120주년이 되는 2015년(개교는 1946년)을 맞아 동문들을 상대로 자료와 기록물들을 찾는다는 기사를 보고, 기록관(SNU Archive)에 연락하여 서가에서 먼지만 켜켜이 싸여가던 대학일기 노트를 누렇게 변색된 그 당시 교과서들과 함께 가져가게 하였다.

직원들이 기록관에서 제작한 서류 박스 두 개에 넣은 노트와 책들을 가지고 가던 날, 과년한 딸 시집보내는 양 안쓰럽고도 홀가분한 기분이 함께 들기도 하였으나, 다른 한편으로 나의 학창 시절 분신들이 내 이름이 적힌 서류함에 넣어진 채 영구 보존이 되리라는 생각에 미치자, 노트 버리려던 날, 고서 수집상의 충고를 받아들이기를 잘 했다는 마음에서 가슴이 뿌듯이 차올랐다.

〈2014. 4. 16〉

누나, 수녀 되다

고향에서 인편을 통해 학교로 보내 준 누나의 편지를 전해 받았다.

수업시간에 강의를 듣지 않고 누나의 애절(哀切)한 편지를 읽으려니 눈물이 절로 흘러내렸다.

누나는 평소 결혼 생활에 대해 큰 의미를 두지 않고 지내다가, 수년 전 읍내의 한적한 터전에 아담한 천주교회가 세워진 이후 성당에 열심히 다니며 신앙에 깊이 몰입하면서 자연스럽게 수녀에 대한 동경을 가지게 되었다는 것이다.

누나가 들어가고자 하는 〈성(聖)바오로딸수도회〉는 매스컴을 통해 하느님의 복음을 전하는 수도회로서, 일본에는 해방 전에 로마로부터 진출하여 지금은 활발하게 활동하고 있으나, 우리나라에는 2년 전에 들어와서 아직까지 예비 수녀 몇 명 만 있고, 수녀원은 지금 미아리에 건축 중이며 다음 달 건물이 완공되면 누나도 입회하게 된다고 했다.

누나 이야기대로, 남들이 모두 부러워하는 단란한 우리 가정을 떠나 입회하는 누나의 심경은 얼마나 애끊고 눈물 어린 용기가 필요했을까 마는, 달리 신앙적으로 보면 편지 내용대로 주님의 부르심을 받아 주님 품 안에 안긴 수녀 누나를 두었다는 것은 남들한테 대단히 자랑해도 좋은 일일 것이다.

누나를 좀 더 이해하고 누나의 영혼이 지향하는 신앙을 갖기 위해서라도 나도 언젠가는 성당에 다녀야 하겠다고 마음속으로 다짐해 본다.

요즘에는 틈나는 대로 서울농대 유달영(柳達永) 교수가 쓴 《소심록(素心錄)》을 읽고 있다. 농대 교수가 어떻게 이런 훌륭한 책을 쓸 수 있는지! 유 교수 책을 읽을 때마다, 늘 인생의 새로운 자양분을 얻고 감동에 젖게 된다.

〈1962. 10. 2〉

* 그때 수녀가 된 마리아 수녀 누나는 50여 년 수도 생활 중에 일본과 이태리에도 몇 년씩 체류하며 수도생활의 지평을 넓혔으며, 서울 대교구 홍보실에 소임을 받고 《서울주보》를 주관하면서 맺은 인연으로 가톨릭 문인들인 홍윤숙, 박완서, 최인호, 안영 같은 훌륭하신 분들과도 깊은 유대를 갖고 지내고 있으며, 내 시의 연원을 제공한 고(故) 장영희 교수와도 친분이 깊어 장 교수 생전에 함께 식사를 하면서 고인의 체취를 옆에서 느끼게도 해 주셨다.

지금도 독서 회원 모임인 포럼들을 이끌면서 열심히 봉사와 신앙생활을 하고 계시는 누나를 옆에서 지켜 보노라면 너무나 자랑스러워, 입회 당시 가족 모두가 반대하고 나 역시 축하는커녕 줄줄 눈물 흘리던 그때의 추억이 부끄럽기만 하다.

〈2013. 8. 15〉

어느 설날 풍경

인천항 개항(開港) 이래 처음으로 얼음을 1미터나 얼게 한 무서운 혹한도 오늘 설날을 맞아 조금 수그러드는 듯하다.

조카 손목을 잡고 큰댁으로 세배 드리러 마을 한복판을 지나노라니, 풍성하고 인심 후한 시골 내음이 몸에 스미는 것 같고, 동심의 세계로 빠져드는 듯하다. 큰댁 사랑방에 모셔진 고조(顯高祖) 할아버지 위패에 조카와 함께 엎드려 세배를 올리면서, 새삼스럽게 조상에 대한 숭모의 마음을 가져 본다.

한겨울의 설날 아침, 대처에서의 힘든 학창 생활 중에서도 언제나 그리움의 대상이었던 고향 마을을 둘러보면서, 언뜻 Shiller의 'If winter comes, spring is not far'란 시구(詩句)가 머릿속을 스쳐 지나간다.

저녁에는 마을의 한 고향 친구 집에서 우리 또래의 남녀 친구들과 여럿이 어울려 윷놀이 등을 하면서 설날을 즐겼다.

나는 일찍부터 외지로 떠나서 동네 또래 벗들과 이렇게 어울리는 것 자체가 어색하였으나, 밤이 깊어질수록 그 나름대로 흥미진진해지면서 그들에게 색다른 우정을 느껴보기도 했다.

찬바람 속에 새벽별 쳐다보며 귀가할 때는 이런 생각이 들기도 했다.

제각각 다르게 학업을 중단한 동네 친구들이 아무런 직업 없이 매일 모여서 이렇게 허송세월만 보내면, 그들의 장래는 물론이거니와 우리 동네와 나아가서 나라의 앞날은 어떻게 될 것인가? 고향 친구들이 이러한 희망 없는 짓들에서 하루빨리 벗어나, 본인들한테 좀 더 생산적이고 향토에 도움이 되는 무엇인가를 찾아 노력해야 하지 않을까 하는 주제 넘는 걱정을 해 본 것이다.

더욱이나 우리 마을은 근래 들어 마작이 성행하여 점점 도박화되는 모습을 보여 주어 몹시 걱정 된다.

〈1963. 1. 25〉

입주 가정 교사

오늘 아침 한국일보 조간신문에 '서울상대 3학년 장학생 경험다'란 판에 박힌 세로로 인쇄된 가정 교사 구직 광고를 싣고, 하루 종일 계동 아저씨 댁에 가서 초조하게 전화 오길 기다렸다.

경험 다 란 '다(多)'의 효험 탓인지 늦게서야 벨이 울려 4시에 청진동에서 만나기로 한 후 가서 본 즉, '흥진옥(興進屋)'이란 해장국집으로 집은 누추했으나 내 제자 될 아이들 인상은 아주 착해 보였다.

한성중 3학년생과 수송초교 6학년 여자아이로서 그런 대로 내 마음에 들었다. 부모들은 영업에 바빠서 아이들의 책임은 전적으로 가정 교사한테 맡긴다는 것이며, 보수 결정은 아직 하지 못했다.

온종일 기다려야 겨우 이 전화 하나밖에 걸려오지 않아, 이것마저 없었더라면 낙심천만이었을 뻔했다. 요즘 신문 광고란엔 거의 가정교사란으로 메워져 있어 용케 이 자리라도 구한 것은 그나마 다행이나, 더욱 극심해져 가는 농촌의 생활고로 인해 시골 출신 학생들은 거의 대부분 가정 교사로 서울 생활을 해야 하는 처지이니, 우리나라 현실이 정말 안쓰럽다.

내일 오후에 짐을 옮기기로 하고 나섰을 때는, 무엇보다 잠잘 수 있는 집이 생겼다는 사실 하나만으로도 뛸 듯이 기뻤다. 어서 고향의 부모님께 알려드려야겠다.

〈1963. 2. 28〉

이틀 전 주인으로부터 한 달 보수로서 1천 원을 받았다.

한 달 동안의 육체적 고통보다도 정신적 노고에 비하면 너무나 보잘것없는 금액이어서 약간의 실망도 생겼으나 더 달라는 용기도 나지 않았다. 앞으로 그러면 천원 값어치 정도만 가르쳐 주면 될 것이다.

이렇게 보이지 않는 구속 밑에 살려니, 다른 복된 사람들에게는 가장 즐거운 휴일이 나에겐 가장 고통스럽고 괴롭고 귀찮은 날일뿐이다. 어제 일요일만 하더라도 단 하루라도 자유로운 시간을 갖기 위하여 아침부터 지옥(?)을 뛰쳐나갔더니, 아니나 다를까 저녁엔 주인이 낮에 아이들을 좀 보살펴 주지 않았다고 하면서 언짢은 표정을 지었다.

정말 나 같은 성격의 사람에게는 이러한 환경의 집에서의 가정교사 노릇이 정신적으로 지옥 같은 생활인 것이다.

기말 시험 칠 때는 한 달 동안만이라도 좋은 학점을 받기 위해 하숙을 하여야겠다.

〈1963. 4. 3〉

곧 나가야겠다는 마음먹고 일주일을 꾹 참고 지내다가 기어코 어제 토요일 나가겠다고 말했더니, 너무 갑작스러운 일이라 주인도 당황하여 어떻게 해야 좋을지 모르는 것 같았으며, 나도 막상 하숙을 하려니 이처럼 살기 어려운 보릿고개에 하숙비 때문에 마음이 영 편치가 않다. 그렇지만 며칠 전 발표한 계리사(計理士, 현 공인회계사) 시험 합격자 32명 중 13명이 우리 상대 출신이라는 소식에 더욱 용기와 자극을 받아, 얼마 남지 않은 이 기간을 최대한으로 활용하여 다음 번엔 기필코 합격하기 위해서라도 하숙을 하여야겠다. 물론 돈 한 푼 없는 부모님에 대한 죄송한 마음은 금할 길 없다.

〈1963. 5. 12〉

비 내리는 밤, 하숙방에서

어제부터 내리기 시작한 비가 밤이 되면서부터는 더욱 세차게 내리고 있다. 정말 시름없이 내리는 비지만 농촌의 농부들에게는 더할 수 없는 기쁨과 모판의 근심을 덜어 주는 비요, 온 산하에 눈부신 오월의 신록을 짙푸른 녹음으로 변화시켜 주는 축복의 비다. 도시는 도시대로 초하(初夏)의 햇빛 속에 비치는 먼지를 가라앉히고 도시를 정화시켜 도시인의 마음까지도 맑고 차분하게 씻어 주는 고마운 비다.

내리는 비는 사람을 성찰하게 함과 동시에 외로움에 젖게 하여 이내 순수한 동심의 세계로 인도한다.

비와 나와의 특별한 인연은 고등학교 3학년 시절 입시공부에 한창 정신이 없던 장마철 어느 날, 주룩주룩 내리는 비를 보면서 느낀 단상을 《학원(學園)》지에 기고하여 실렸던 적이 있는데, 장차 고3 수험생이 느꼈던 비와 그 고비를 넘겨 대학생이 되어 느낀 비가 어떻게 다른지 언젠가는 한 번 살펴보아야겠다.

밖에는 여전히 비가 계속해 내리고, 말동무할 하숙생 동료도 나가고 없는 방에 혼자 앉아, 깊은 사념에 젖어 지나온 학창 생활에 대한 회상과 앞날의 나의 인생 설계를 그려 본다.

빗소리가 커질수록 마음속으로 느끼는 고독과 외로움도 덩달아 커진다.

어느 철학자가 말하였듯이 학식 있고 배움이 있는 사람은 아무리 홀로 있더라도 고독을 느끼지 않는다는데, 아직 미숙한 대학생인 나에게 오늘 같은 날 고독이 없을 수 없다.

남이 보아 민망스러울 정도의 이 글이나마 쓰고 있는 것은 마음속에 품었던 것을 글로 나타냈음에 불과하지만 그렇게 함으로써 비 내리는 밤, 공부할 의욕도 나지 않는 이 울적한 심경을 글로 풀어 보면서, 나의 이 천부(天賦)의 둔필(鈍筆)을 어느 정도나마 연마(練磨)해 보고자 함에 있음이니라.

〈1963. 5. 26〉

한여름 밤의 연가

길고도 짧았던 여름 방학이 끝나고 곧 상경해야 한다는 불안감과 초조감 때문에 마음이 붕 떠 있는 요즘이다. 오늘따라 날씨마저 맑게 개어 마음은 하늘에 뜬 구름조각처럼 마냥 걷잡을 수 없이 펼쳐져 갔다.

간간이 지나가는 기차소리만 들릴 뿐 사위(四圍)는 고요한 정밀(靜謐)에 감싸여 있고, 대지엔 하늘의 축복이 듬뿍 뿌려진 것만 같아, 이처럼 아름다운 고향 마을을 떠나야 하는 마음 착잡하기 그지없다.

대낮부터 동해로 흐르는 전천 강물을 바라보며 방둑에서 선(仙)이랑 단둘이 앉아 함께 부르는 '물새 우는 강 언덕' '솔베이지 노래' 등 갖가지 노래에 취하기도 하고 노래에 싫증이 나면, 평소 비교적 말이 적은 우리 둘 사이에도 화제가 끊이지 않고 이어지는 것이 내가 생각해도 신기했다. 남들이 보기엔 정말로 다정한 피앙세처럼 보여졌을 지도 모르겠으나, 우리들은 마음속으로 서로 경계하면서 그렇게 느낄 수 있는 이야기는 아예 없이 남매 같은 모양새로 대화를 나누었다. 그러나 마음 한구석으로 한없이 불타오르는 연정은 이 글을 쓰면서도 숨길 수 없다. 이번 방학 동안 오늘로 두 번째 단둘이 만나 노을을 바라보며 깊은 신비로운 감회에 젖어 보았으나, 정말 나는 아직도 그녀를 어떻게 대해야 할지 갈피를 잡지 못하고 있다.

이렇게 이성과 깊게 사귀어 본 적이 없는 나로서는 그녀를 솔직히 lieben 하면서도 마음 한구석이 떳떳치 못하여 일말의 불안감을 떨칠 수 없다. 특히 오늘 모처럼 단 둘만의 긴 시간을 가졌건만 그녀의 마음을 별로 헤아리지 못하였을 뿐만 아니라, 나 또한 그녀를 마음 놓고 lieben 하기에는 주위 여건과 그녀 집안의 복잡한 사정 때문에 불가능할 것만 같아, 도대체 내 마음이 정리가 되지 않는다.

선(仙)은 내일 나보다 먼저 상경한다고 한다. 그 집의 가정 형편상 장녀인 그녀는 불가피하게 이곳 가족을 떠나 먼저 상경해야 할 입장이므로 나로서도 어떻게 조언해 줄 수 없는 노릇이다. 내가 상경해도 먼저 그녀를 찾을 용기가 없을 것 같으며, 또한 나를 찾아 달라는 부탁의 말도 하지 못했다. 오직 그녀의 마음 여하에 따라 학교로 무슨 연락이 있을 것만 같은 막연한 희망을 가져 보기도 하지만, 결국은 한갓 허황된 한여름 밤의 꿈에 불과할지도 모른다는 예감이 앞선다. 정말 이번 여름 방학엔 내 학업의 침입자인 그녀 때문에 나의 유일한 직업인 학업에 전념할 수 없었던 대신, 예전에 맛보지 못한 형언할 수 없는 애틋한 추억거리를 많이 만들었다.

저녁에는 오늘이 음력으로 7월 보름날인데다가 내일이면 그녀가 이곳을 아주 떠나게 되어 있으므로, 동생과 그녀, 그리고 이북에서 피난 나온 인텔리 여성인 그녀의 어머니랑 넷이서 달빛 밝은 고요한 밤바다로 달맞이하러 나갔다.

강둑에 앉아 석양에 단둘이서만 즐긴 가슴 벅찼던 주홍빛 노을도 노을이려니와, 넷이서 할미바위 언덕에 걸터앉아 함께 즐기고 있는 신비에 싸인 밤바다의 이 정경 역시 필설로 표현하지 못할 정도로 아름답다. 하늘을 쳐다보면 만월의 위력 앞에 무수한 잔별들은 보이지 않고, 오직 동녘 하늘의 샛별만이 보름달에도 사라짐 없이 더욱 빛나고 있다. 눈을 돌려 먼 수평선을 바라보면 수를 셀 수 없을 만큼 많은 어선의 불빛이 주마등처럼 이어지고, 얼마 멀지 않은 북쪽 묵호 항구에는 전등불이 마치 만 가지 보석을 뿌려 놓은 듯 이국적 풍경을 자아내며, 그 사이에 둘러싸인 동해 바다는 서풍에 파도 한 점 없어 넓은 호수를 연상케 한다. 이러한 선경을 단둘이서만 보면 더욱 은은한 운치를 느끼련만, 다른 한편으로 넷이서 함께 부르는 세레나데에 귀를 기울이며 밤이 깊도록 신비경에 몰입해도 그것대로 또 다른 감회를 느끼게 한다. 내 생전 이처럼 가슴 벅차고 황홀한 감정을 가져 보기는 7월 보름달 오늘 밤이 처음이다.

〈1963 .9. 2〉

오늘 그녀는 정말 나보다 먼저 훌훌 서울로 떠나갔다.

가방을 들고 원피스를 가을바람에 날리며 철길을 총총걸음으로 걸어가는 그녀의 뒷모습을 바라보며 나는 허전한 마음을 달랠 길 없었다. 정말 이처럼 가슴에 구멍이 뚫리고 쓸쓸하리라고는 미처 상상도 하지 못했던 것이다. 디젤 기차가 지나갈 때는 발걸음이 저절로 제방 둑으로 옮겨져 보이지 않는 그녀를 전송했다.

서울에서 나를 찾아 주었으면 하는 막연한 기대감에 그랬을 것이지만, 상경한 후 그녀로부터 소식이 올지 안 올지(?) 벌써부터 설렘과 두려움이 교차한다.

〈1963 .9. 3〉

늦깎이 교수 시절, 여름 방학 중 어느 조용한 날, 얼마 전 고향 생가에서 찾은 대학교 시절의 일기장을 온종일 읽으면서, 60년대 초반의 곤궁했지만 그리움으로 가득 찬, 다시는 돌아오지 못할 시절의 추억에 잠겨 보았다. 그 가운데서도 3학년 여름 방학 끝날 무렵, 위에 쓴 일기들이 영겁 속의 까마득한 추억으로 생생하게 되살아나, 이순 중반의 이 나이에도 가슴을 뭉클하게 하고 있다.

1·4 후퇴 때 평양에서 피난 나온 누이동생 친구인 선(仙)은 초등학교 시절에는 수재에다 외모 등 여러모로 신데렐라 같은 소녀였다. 고등학교와 대학을 외지에서 유학한 나로서는 그 이후 그녀를 보지 못하다가, 내가 대학 3학년 되던 해 우리 집 이웃으로 이사 오면서 자주 만나게 되었다

일기에는 만나는 횟수가 거듭될수록 동생 친구로서의 그녀와 연인 사이에서 갈피를 잡지 못하고 고민하는 글들이 여러 곳에 나온다. 특히 방학이 끝나기 직전에 쓴 일기에는 글쓰기와는 거리가 먼 상과 대학생의 낯간지러운 글들이 쓰여 있지만, 집안의 기대가 한 몸에 쏠린 나의 장래에 대한 부담과 이상에 불타는 청춘의 자연스러운 발로인 연정 사이에서 고뇌하는 모습이 적나라하게 묘사되어 있다. 실제로 가을에 예정되어 있던 공인회계사 시험은 수험용 책을 한 보따리 갖고 갔음에도 방학 동안 공부를 제대로 못하여 응시조차 해 보지 못했다.

이 일기를 읽고 나니 내 인생에도 젊은 날 한때, 이처럼 아름답고도 애잔한 사랑에 빠진 때도 있었구나! 하는 감정이 가슴 한구석에 아련히 피어오른다.

그녀는 그 후 캐나다로 이민을 떠났다는 소식을 들었다.

유난히도 더운 올 여름, 저녁마다 탄천변 산책로를 거닐며 그 때 함께 부르던 '물새 우는 강 언덕'을 입속으로 읊조리면서, 다시

돌아오지 못할 젊은 날의 회상에 젖어 본다.

〈2005. 8. 15〉

명륜동에 입성(入城)하다

엊저녁 계동(桂洞) 형으로부터 오늘 들려달라는 전화 연락을 받고 가 보았더니, 명륜동에 좋은 가정 교사 자리가 있는데 입주해 볼 의향이 있느냐는 것이다.

주인은 계동 아저씨와 같이 제헌의원과 참의원을 함께 하였으며, 'K 나이롱'이란 우리나라 굴지의 재벌 회사 오너 집이란다. 그 형과 함께 가 본 집은 비원과 담을 하나 끼고 있는 대저택으로서 가르칠 학생은 삼선중(三仙中) 3학년생이라고 했다.

내일 입주하기로 약속하고 나오면서, 너무나 엄청난 부(富)에 위압을 받지 않을까 하고 내심 염려도 되었으나, 언제든지 나와도 괜찮다는 용기를 갖고 임하면 그런대로 상당기간은 지낼 수 있을 것이며, 요는 내가 내 공부를 얼마나 할 수 있는가가 문제일 것이다.

누이동생으로부터 받은 편지에는 동생은 요즘도 가을 한복판의 저녁노을을 바라보면서 인적 드문 제방 둑을 혼자 산보하는 것이 하루의 일과가 되었다고 한다. 단짝 친구 선(仙)도 서울로 떠나고, 비단 구두 사주러 이 오빠마저 동경의 나라로 떠나 홀로 남은 여동생은 얼마나 외로울까!

편지 속에 적힌 대로 가족으로부터 나에 대한 너무나 큰 기대에 나는 더욱 어깨가 무거워짐을 느낀다.

〈1963. 10. 18〉

단풍든 비원과 대저택의 정원이 한데 어우러진 공기 좋은 이 집 뜰에서 새벽같이 일어나 보건체조를 하는 기분은 정말 상쾌하다. 비록 가정 교사의 신분이지만 이처럼 큰 집에 사는 나도 기분에는 무엇 깨나 되는 것 같다.

이 집에 들어 온 지도 오늘로 4일이 지났다. 이럭저럭 집안 사정도 파악되고 가르칠 학생의 성격도 어느 정도 알게 되어 마음이 한결 가볍다.

아무리 큰 집이지만 집안에 있는 동안은 가정 교사란 신분의 부자유 때문에 마음 놓고 내 공부를 할 수 없는 것이 현실이어서, 오늘 서울대 중앙도서관으로 가서 열람증을 만들어, 다음 주부터는 일주일에 2~3일 정도는 상대 캠퍼스 대신 이곳 도서관에서 공부하기로 작심하였다.

문리대 교정의 마로니에도 자연의 철리엔 어쩔 수 없어, 대학가의 주인이던 그 위풍도 사라지고 그 넓은 잎은 다갈색으로 퇴락(頹落)해 버렸으나, 은행나무는 정말 보기 좋게 노란색으로 몸단장하고 교정을 아름답게 장식하고 있다.

내가 살고 있는 이 성(城) 같은 집에도 아름드리 은행나무가 몇 그루 있어 그 단풍도 너무나 황홀하여 눈마저 노랗게 물들 것만 같다.

이곳 명륜동은 이번이 처음이지만 서울의 다른 어느 곳보다도 사람 살기 좋은 동네이며, 나로서는 4학년으로 올라가더라도 가능하다면 오래오래 머무르고 싶은 곳이다.

〈1963. 10. 23〉

2부 • 홍해의 노을

홍해의 노을

이곳은 젯다, 사우디 제2의 도시 중심부에 자리 잡은 회사 아파트에서 홍해를 붉게 물들이는 저녁노을을 바라보며, 당신 생각에 못 이겨 이렇게 펜을 들었소.

창밖으로 보이는 항구에는 이백여 척의 크고 작은 상선들이 저녁노을을 받으며 한가롭게 떠 있고, 무슬림 교회인 모스크에선 저녁 기도 시간을 알리는 스피커 소리가 괴성과도 같이 들리는 너무나 이국적인 정취에 당신에게 문득 무엇인가 쓰고 싶어 이렇게 필을 잡고 보니 만감이 떠오르는구려.

여보,

당신,

이 항구의 저녁 풍경을 카메라에 담아 다음 인편에 보내 주겠소.

인편에 보내 준 편지와 아이들 사진을 며칠 전 잘 받아 보았지만, 너무나 간단한 내용에 약간은 실망도 했소.

우리의 결실이요, 보배인 남윤이란 녀석, 너무나 의젓하여 대지를 버티고 서서 웃는 얼굴 보고 흐뭇하고 보고픈 마음이 더욱 간절해지며, 수혜는 사진이 좀 앞쪽으로 찍혀 그런지 얼굴이 너무 크게 나왔소.

남윤이란 놈, 첫돌 때의 옷이라 소매가 팔꿈치에 올라가 있어서, 크면 나중에 두고두고 기념할 만한 한 장면이 되겠소.

이곳 젯다에는 외환은행 사우디지점이 있어서 은행 일 때문에 어제 왔으며, 세계 각국 공관이 밀집해 있는 곳이라서 국제도시 답지만, 기온은 우리가 있는 동부 지역보다 굉장히 높아서 우리나라 한여름보다 훨씬 더운 데다 홍해에 연해 있어 겨울이 없는 도시라오.

담맘, 주베일 등 동부 지역과 우선 눈에 띄게 다른 점은 그곳에서는 모든 사람들이 메카를 향해 서쪽을 보며 기도 올리지만, 이곳 젯다에서는 메카가 몇 십 리 밖의 동쪽에 위치하여 모두 동쪽을 보며 기도 올리는 것이 우선 다르오.

지금 편지 쓰는 이 순간에도 새로 짓고 있는 큰 건물 옥상에서 인부들이 일하다 말고 모두 나란히 줄 서서 동쪽을 보며 열심히 절을 하고 있소. 너무 어리석은 우민정책의 하나로 보일 수도 있으나, 이곳 사람들한테는 종교가 생활의 일부로서 완전히 몸에 배어 있는 상태이오.

이 편지 받을 때쯤에는 이곳 사우디에 온 지도 어언 반 년, 당신을 비롯하여 수혜, 남윤이 모두 한결같이 너무나 그리운 얼굴들이라 그 사이 많이 면역되고 냉각된 심정이지만, 가끔가다 지금 같은 이 순간에는 보고픈 심경에 겨워 눈물이 복받쳐 오를 것만 같구려. 이별의 쓰라림, 이국 생활의 외로움, 나의 전부인 가정을 떠난 이 아픈 마음은 예전엔 참으로 상상도 못 할 것이오만, 한편으로 생각하면, 이 고통을 극복하는 인내심이야말로 인간 의지의 척도가 될 수 있을 것으로도 생각되어 자위도 해 보고 있소.

나의 경우와는 비교도 될 수 없는 괴로운 고학의 유학길, 몸에 힘겨운 서독 광부들과 감수성 강한 어린 나이의 간호사들, 이곳보다 더한 중동 오지의 노무자들을 생각하고 굳센 의지로서 현실을 이겨 나가야 하리라고 생각하고 있소.

이곳 젯다 아파트에는 요리사가 없어 출장 오는 우리가 손수 요리를 해야 하며, 지금은 오 이사님과 단 둘이서 찌개도 끓이고 밥도 짓고 하여 오순도순 지내고 있소. 집에 돌아가서도 자동 전기밥솥만 있으면 지금 익힌 이 솜씨를 뽐내 볼 참이오.

나의 전부인 당신의 건강이 언제나 걱정이오. 지난 번에 편지 늦 배달 때문에 위 복통을 앓는다는 소식 이후 지금은 어떠한지 궁금하며, 다만 건강, 오로지 건강만을 챙기기 바라오.

지금 심정 같아서는 돌아가면 하고 싶은 일이 정말 너무나 많을 것 같소.

지난 여름, 큰소리쳐 놓고 바로 옆에 있는 광나루에 단 한 번이나마 가 보지 못한 예로 볼 때, 지금 이렇게 미리 이야기해 놓는 것은 정말 어리석은 일 같지만 돌아가면 우리 한 번 재미있게 지내보자구려.

지금도 외롭고 괴로울 땐, 머지않아 귀국하여 김포공항에서의 재회의 장면을 그려 보고 있소. 그 감격스러울 재회의 상상이야말로 무엇과도 바꿀 수 없는 기쁜 일 중의 하나가 될 것이오.

먼저 편지에 봄을 맞아 정원 식수에 대해 이것저것 적어 보았지만, 역시 그 정도로는 내가 그리는 숲의 정원이 될 수 없으니, 그 이외에도 공간 배치를 잘 보고 다른 나무들도 알아서 좀 더 심도록 하면 좋겠소.

고갈이 든 백일홍은 마당 안쪽으로 좀 옮겨 심도록 하고, 다른 심을 나무들도 몇 년 후 자랄 때를 생각해서 너무 앞집 담 쪽으로 심지 말며, 또한 선생 집처럼 여름 하늘 별 박히듯이 촘촘히 심는 것도 좋지 않을 것이며, 화분도 좀 더 사서 그런데 신경을 쏟아 붓도록 하면 일석이조가 될 것이오.

이 편지도 그렇지만 여기서 보내는 모든 편지는 당신만 읽는지? 다른 사람들도 읽는지? 그걸 몰라 문안이 마음같이 되지 않을 때가 가끔 있소. 무슨 말뜻인지 당신도 알 것이며, 요는 당신이 나의 전부란 것을 어떻게 강조하고 표현해야 하는지의 기술적인 문제를 말함이오.

오늘은 바쁜 업무의 와중에서 이런저런 마음속 심경을 밝히려니 표현들이 조금은 어색하구려. 어색한 것을 이심전심의 참뜻이 커버해 줄 것이고, 그런 가운데서 화로 속의 숯불은 더욱 뜨겁게 오래오래 갈 것이오.

두루 안부 전해 주고, 이것저것 대소가댁 소식도 자세히 전해 주구려.

이 편지는 아마 이곳 젯다에서 부쳐 다른 편지보다 배달기간이 좀 단축될지도 모르겠소.

붉게 물들었던 홍해의 저녁노을이 사라지고 어둠이 깔리는 젯다시를 굽어보며, 당신만을 생각하는 당신의 남편이 간단히 안부 소식 전하오.

〈1976. 3. 28〉

영세 받다

대학교 2학년 때인 62년도의 일기장을 들춰 보면, 수녀원에 들어가겠다는 누님의 편지를 받고서 누님과 더 가까이 지내면서 누님을 좀 더 이해하기 위하여 나도 언젠가는 성당에 다녀야겠다는 내용이 나오는데 그로부터 실로 17년이 지난 오늘, 마침내 청담성당에서 영세를 받기에 이르렀다.

그간 청담성당의 주임신부이시며 우리나라 교계에서 실력가로 알아 주는 김수창 신부님의 재임 시에 영세를 받았으면 좋겠다는 아내의 간곡한 권유에 따라 6개월에 길쳐 교리부터 배우기 시작하였다.

회사에서 하루 종일 격무에 시달린 후 저녁 식사를 마치자마자 대학에 갓 입학한 딸 수혜와 함께 성당에 나가 교리를 배우는데, 교리 시간 내내 식곤증으로 졸기에 바쁜 나를 수혜가 깨우느라고 정신이 없는 가운데서도 소정의 시일이 지나 드디어 오늘 '바오로'라는 세례명으로 하느님의 아들로 다시 태어났다.

지금은 다른 성당으로 옮기신 김수창 신부님으로부터 '영세란 목욕 재계하여 몸과 마음을 깨끗이 한 후 하느님 앞에 나아가는 것이다.'라고 교리 시간에 배운 대로, 이발과 목욕을 깨끗이 하고 새 옷으로 갈아입고 예식에 참석하였다.

세례를 축하하기 위하여 멀리 전주에서 수녀 누님이 우정 참석해 주어 마음이 한결 기뻤다.

대부(代父)님은 '우리 아파트' 뒷동에 사시는 최 바오로란 분이시며, 큰 회사의 고위 임원으로 계시는 아주 훌륭한 분 같으시다. 연세가 지긋하신 대부님한테서 꽃다발과 성경책을 선물 받고 나니, 그분에 대한 보답과 하느님에 대한 믿음을 어떻게 실천해야 할지를 마음속으로 생각해 보았다.

세례식은 의식이 복잡하였으나 아직까지 교리와 성경에 대한 깊은 이해가 한참 부족한 나로서는 조금은 덤덤한 상태에서 긴 의식을 마쳤다. 다만 세례 때의 첫 기도는 원죄가 사(赦)한 뒤의 가장 깨끗한 것이므로 특별한 의미가 있다 하여 첫 세례 때는 아들 남윤이 올바른 삶을 살도록 빌고, 두 번째 흰 수건을 머리에 대는 의식 때는 딸 '수혜가' 훌륭한 제 짝 만나 잘 살도록 기도드리면서, 우리의 세대는 지나가고 아이들의 세대가 도래(到來)함을 실감했다.

누님께서 선물로 주신 《바오로》와 《생활교리》 두 권의 책과 김수창 신부님의 수상록인 《세상을 책임질 사람》이란 책들을 하루 속히 읽고, 보다 깊은 신앙 생활을 하여야겠다고 마음속으로 다짐해 보았다.

수상록의 요약은 믿음과 희망 속에 사랑을 베풀어야 한다는 것이다.

신앙 생활이란 이러한 추상적인 요약만 가지고는 되지 않고, 기쁜 마음으로 사랑의 생활화가 뒤따라야 할 것이다.

마지막 의식으로 성가 479번 '기쁜 날'을 큰소리로 다 함께 제창했던 그 기쁜 마음으로, 가사를 여기에 옮겨 본다.

1절 : 주님 말씀 받은 오늘 기쁘고도 복되어라.
이 기쁜 마음 못 이겨서 온 세상에 전하리라.
(후렴) 기쁜 날 기쁜 날, 주 나의 죄 다 씻긴 날
늘 깨어서 기도하며 늘 기쁘게 살아가리
기쁜 날 기쁜 날, 나 주님께 돌아온 날.
2절 : 이 좋은 날, 내 낡은 몸 새사람 되었으니
이 몸과 맘 다 바쳐서 사랑의 주 찬미하리.

저녁에는 김수창 신부님의 수상록 일부를 읽었는데 그 중 마음에 와 닿는 대목을 적어 본다.

'아버지 어머니 돌아가실 때 자녀들에게 재산을 상속해 줍니다. 학자가 돌아갈 때는 학문을 상속합니다. 왕이 죽을 때에는 왕의 자리를 왕자에게 상속합니다. 예수님이 돌아가실 때 그분은 우리에게 사랑과 용서를 상속해 주셨습니다.'

〈1989. 6. 18〉

스위스 초행기(初行記)

모스크바 공항을 출발한지 3시간 만에 취리히 국제 공항에 도착하였다. Swiss Air 비행기에 올라타는 순간, 소련의 투박스러운 문맹국에서 서구의 문명국으로 들어오는 것 같은 첫 기분을 느꼈다.

맑게 개인 아침, 프랑크푸르트 지사의 최 부장과 둘이서 가벼운 옷차림으로 승용차 편으로 중부 스위스에 위치한 융프라우 등정길에 올랐다.

고속도로와 주변은 사람의 손길이 닿지 않은 곳이 없을 정도로 잘 가꾸어져 있었다. 원래 스위스란 나라는 자원이 없는 국가로서 기계 공업과 관광으로 지탱하며, 인구는 6백 5십만 정도로서 스위스 연방 안에는 24개의 주(Canton)로 구성되어 있고, 각 주별로는 별도의 국기를 갖고 있을 만큼 지방 분권이 발달된 나라이다. 차량의 번호판도 유심히 보면 왼편에 스위스 국기와 오른편에 각 주별 국기를 함께 그려 놓고 있다.

길 양 옆으로는 평야와 야산이 잘 조화를 이루고 있었으며, 농경지가 아닌 곳은 어디나 울창한 숲으로 뒤덮여 있고, 우리나라와 달리 전나무, 소나무, 삼(杉)나무 등 침엽수들이 하늘을 찌를 듯 큰 키를 자랑하고 있다. 농경지는 푸른색의 채소와 감자밭, 노란색의 잘 익은 밀밭, 중간색의 옥수수밭, 밀 추수가 끝난 흙색

등이 잘 구획된 농경지에 따라 한 폭의 수채화를 연상시키는, 그 기막힌 색조의 조화는 바로 스위스 그 자체라 말할 수 있다.

끝없이 펼쳐진 밀밭은 제주도의 이른 봄 유채꽃 색과 비슷하나, 유채꽃은 샛노란 편이고 밀밭은 좀 더 누런색을 띠고 있는 것이 좀 다르다.

인터라켄(Interlaken, laken=lake)을 지나면서 먼발치에 융프라우의 위용이 보이며, 카메라의 셔더 누르는 빈도가 더 높아지기 시작했다.

어디 산뿐이랴! 인터라켄의 왼쪽을 끼고도는 호수와 그 주변의 경관 또한 장관이다. 호수가 내려다보이는 산 중턱까지 적당한 간격을 두고 들어선 집들을 보면서, 우리나라에서는 호수 주변이 상수도 보호 지역이니 그린벨트니 하여 도저히 건축 허가가 나지 않을 것이라고 넋두리하면서, 그저 입만 벌리고 차를 몰았다.

우리 목적지의 중간 기착지인 Grindelwald에 승용차를 주차하고 궤도차로 바꾸어 탔다. 찻길이 난 입구 쪽을 제외하고는 빙 둘러 눈 덮인 산이 휩싸고 있다. 융프라우(Jungfrau)란 Younglady란 영어의 뜻으로, 처녀처럼 사람의 흔적이 밟고 지나가지 않았다는 내력이나, 어디 사람이 자연을 그대로 놔 두는 곳이 세상천지에 한 군데만이라도 있단 말인가!

지그재그로 바꿔 타면서 올라가는 궤도차에서 제일 먼저 느낀 감정이 이런 곳에 왜 나 혼자 먼저 왔느냐 하는 심경이다. 옆에 아무리 최 부장이 있다 한들 그는 어디까지나 최 부장이고, 나중에 언젠가는 아내와 함께 꼭 다시 와 봐야지 하는 마음에서 이 기행문의 제목도 '스위스 초행기'라고 한 것이다.

올라오는 중간까지는 점점이 집들이 들어서 있는데, 그 집들이 그냥의 보통집들이 아니고 사람의 손길이 가지 않은 곳이 없는, 그림같이 정갈하게 가꾸어진 집들로서, 뜰에는 온갖 채소와 화초들이 잘 가꾸어져 있고, 둘레에는 잘 손질된 초원으로 뒤덮여 있으며, 창문마다 형형색색의 화분으로 장식되어, 하나하나가 각각의 개성을 지닌 성채를 이룬 모습이 전체적으로도 높은 산들과 잘 어울려 멋진 조화를 이루고 있다.

산 중턱까지는 곳곳에 군락을 이루는 침엽수들이 밀집해 있고, 그렇지 않은 곳은 갖가지 들꽃과 풀로 뒤덮인 초원으로 간혹 종을 매단 젖소들의 방울 소리가 낭만을 더욱 자아 내고 있다.

마침내 궤도차는 얼마나 되는지 가늠할 수 없는(아마도 7~8백미터) 굴속을 거의 수직으로 올라와서 Top of Europe인 융프라우 역에 도착했다.

역의 높이가 정확히 3,456미터인 즉, 거기서 올려다보는 정상은 아마도 3,500~3,600미터 정도는 되리라 짐작된다.

100미터 정도 엘리베이터를 타고 올라 굴을 빠져 나가 드디어 일망무제로 탁 트인 빙하의 계곡에 첫발을 내딛는 순간, 아, 왜 이런가? 현기증이 나고 속이 메스꺼운 것이 꼭 배 멀미나는 것 같아, 표정이 이상한 나를 보고 최 부장이 고산증으로 혈압이나 심장이 나쁜 사람은 심하면 쓰러지는 현상까지 있다고 했다.

한순간 지나 안정을 되찾은 다음, 온 전지가 개벽이 된 듯 빙설로 뒤덮인 신세계를 보는 순간, 입에서는 탄성이 저절로 나오고 흥분을 가눌 길이 없다. 일찍이 나이아가라 폭포를 첫 대면 했을 때도 이러한 흥분은 느끼지 못했다.

오늘 따라 하늘의 축복인 양 날씨가 이렇게 좋을 수가 없다.

변화무쌍한 하늘 꼭대기의 날씨 속에 오늘같이 좋은 날이 일년 중 며칠이나 있으랴. 이처럼 좋은 경관이 구름 속에 갇히면 비행기 안에서와 같이 구름만 바라보다 되돌아오지 않을 수 없었을 것이다.

왼쪽으로는 융프라우의 위용이 높이 쳐다보이고, 양 옆으로 쭉 뻗은 산맥 사이로 억만년의 빙하가 깊은 계곡을 이루어 수 킬로미터 뻗어 있고, 간간이 깊이를 헤아릴 수 없는 눈구덩이가 양쪽으로 갈라져 오금을 더욱 저리게 했다.

최고로 더울 때인 8월 초, 추위에 언 손을 호호 불면서 발길을 그냥 돌릴 수 없어 눈길을 따라 이백여 미터 걸어가며 인증 샷을 몇 장 찍었다.

서양 사람들의 모험심은 위엄과 위험이 함께 한 이 유럽의 지붕 끝에 올라와서도 줄을 서서 스키를 즐기게 하고 있으며, 몇 사람은 그 아래 빙하 계곡까지 내려가는 것을 보고 우리는 그저 벌린 입을 다물지 못했다.

어렸을 적, 허리까지 내렸던 눈을 그리워하며 눈 없는 서울생활의 아쉬움 속에 사는 우리로서는 눈의 축복을 만끽하며 얼마만이라도 눈 속에 더 있고 싶었으나, 우선 추위를 견딜 수 없고 가슴이 답답하여 다음 순로인 얼음 궁전(ice palace)으로 발걸음을 돌렸다.

이 얼음 궁전은 일본 사람이 설계하여 일본식으로 얼음굴 속에 여러 가지 형상의 조각물을 만들어 사람들을 끌어들이고 있다. 아무리 부처와 궁전과 신사(神寺)를 정교하게 꾸며 놓았다 하더라도 인공은 어디까지나 인공, 자연의 외경과 비교되어 감동이 별로 일지 않았다.

공기와 초록과 각가지 색상(色相)과 눈 덮인 산정, 모든 것이 너무 좋아 여기 산장서 하루 묵었으면 하는 아쉬움을 뒤로 하고, 취리히로 돌아오는 귀로에 산골짜기 계곡 물가에 차를 세우고 점심 겸 저녁 식사를 하였다. 양 옆으로 숲이 우거지고 높은 산으로 둘러쳐진 이곳 깊은 계곡 속에 최 부장이 라면을 끓이는 사이 나는 수석 줍기에 나섰다.

어떻게 된 셈인지 이곳 자갈밭은 면적이 그렇게 넓지 않은데도 여러 무늬의 수석들이 지천으로 많은데, 나로서는 너무 조예가 없어 외형상 그럴듯하게 생긴 몇 개의 돌을 주워 나름대로 '추상화', '승무' 등등으로 명명하고 기쁜 마음으로 차에 실었다.

나 혼자 천방지축 돌 줍느라 정신이 없는 사이, 최 부장이 끓인 라면을 단둘이 돌밭에 앉아 먹는 맛이 그렇게 좋을 수가 없었다.

이제는 어디를 가나 한국 사람들을 지천으로 만나게 된다. 융프라우 정상의 방명록에 두 사람의 이름을 적으면서 뒤적여 본즉, 많은 일본 사람 속에 적지 않은 한국 사람들이 있고, 오늘의 관광객 가운데서도 우리나라 사람을 여럿 만났다. 일본인한테 언제나 주눅이 들었던 우리이기에 여간 반가운 만남이 아닐 수 없다.

다음 날 아침, 비행기로 제네바에 가기로 되어 있었으나, 비행기 편을 취소하고 승용차 편 육로로 제네바를 향해 출발하였다.

두 시간이 채 못 걸려 레만 호수에 도착하여 호숫가에 자리 잡은 유서 깊은 칠론(Cha'teau de Chillon) 성을 구경했다.

몇 년 전, 유럽 출장 때 하이델베르크 성을 주마간산 식으로 구경하였으므로 이번 여행에 유럽 성을 한번 자세히 관람하고 싶었는데, 이번에 시간을 두고 이 고성을 샅샅이 구경할 수 있었던 것은 참 다행이었다.

지하실 감옥, 2층 집무실, 더 넓은 회의실, 침실, 화장실, 대포, 창과 칼 등 각종 무기, 다락 망루까지 구석구석 살피면서 옛 봉건 영주들이 자기들의 장원을 지키고 농민을 가렴주구 하며 수 세기 살아온 역사의 현장을 생생하게 목격하면서, 이러한 성채를 통하여 유럽의 역사를 일부나마 알 수 있을 것 같았다.

유럽의 성이란 대개 산 정상이나 산 중턱에 있는 것으로 알았으나 이렇게 호숫가에도 있는 경우가 있으며, 성에서 바라보는 호수 주변과 호수 물, 맞은편의 눈 덮인 알프스 연봉들의 경관은 참으로 아름다웠다.

아내와 이런 곳에 와서 한가하게 소설책 읽고 라면 끓여 먹으면서 며칠 지내면 얼마나 좋을까? 하고 혼자 맘속으로 생각해 본다. 언젠가는 하게 되겠지…. 자연이란 언제 보아도 그대로 좋은 것으로 그때 가서는 그대로 또 좋을 테지!

레만 호수의 짙푸른 물결이 빠른 물살을 이루며 시내 한복판을 지나 강을 이루는 입구 중심부에, 이곳 출신 자연주의자 장 자크 루소의 동상이 그의 주장대로 숲 속에 둘러싸여 레만 호수를 바라보면서 다소곳이 서 있었다.

그 앞에서 나도 제네바를 거쳐 갔노라고 인증 사진을 하나 찍고 급히 리야드행 Saudia 비행기에 탑승하였다.

이틀간 둘러본 스위스는 너무 아름다워 나의 둔필로서 그대로 표현할 길이 없다. 그러나 전반적인 스위스의 산하는 어딘가가 한 기딕 빈 구석이 있는 것 같은 인상을 받았다. 너무 완벽한 곳에는 여유와 멋이 없기 때문일 것이다. 역시 자연은 자연 그대로가 좋다.

사우디 행 비행기 안에서 이 기행문을 쓰는 사이 내려다보이는 눈 덮인 알프스 산맥이 몽블랑을 주봉으로 하여 동서로 길게 뻗어 있다. 루소의 말대로 '자연으로 돌아가라'란 말이 귓전에 맴돈다.

〈1989. 8. 2~3〉

딸의 의미

여름 방학을 이용하여 딸 수혜가 불란서 소르본 대학에서 전공인 불어 어학 연수를 마치고 어제 귀국했다.

모스크바 공항의 혼잡으로 인하여 비행기 도착 시간이 약 두 시간 늦어진다는 공항 안내 방송을 듣고 나는 먼저 회사로 돌아오고, 아내가 남아 딸의 귀국을 맞아 주었다.

저녁에 퇴근을 하면서 한시라도 빨리 수혜를 보고 싶은 마음에, 차가 신호등에 걸릴 때마다 기사가 눈치 못 채도록 내심 조바심을 하는 가운데, 머릿속으로는 불현듯 20여 년 전 수혜를 낳았을 때가 떠오른다.

그 당시 본가에서 출퇴근 하며 동부산업 동해공장에서 근무할 때, 아내가 삼척병원에서 아이를 낳았다는 전화 연락을 받고 강원여객 버스를 타고 엎어지면 코 닿을 만큼 가까운 삼척까지 가는 시간이 참을 수 없을 만큼 길게 느껴지던 가운데서도, 추석이 갓 지난 고향의 가을 하늘은 비취색처럼 어쩌면 그리도 맑고 푸르던지, 산천이 두 번이나 바뀐 이 순간까지도 아름다운 추억으로 뇌리 속에 남아 있다.

딸자식이란 그 때나 지금이나 마찬가지인가 보다.

대개 갓 낳은 애기의 얼굴은 찡그린 인상에 주름투성이가 보통인데, 병원에 도착하자마자 처음 본 수혜의 얼굴은 콧날이 오똑

숏고 눈을 감고 있는 얼굴은 천사마냥 평온해 보여 태어난 순간부터 애비인 나를 기쁘게 해 주었다.

또한 자라면서 부녀지간에 쌓여가는 정을 지켜 보던 주변 사람들은 언제나 시새움과 부러움이 뒤섞인 눈으로 바라보곤 했다.

그렇게 20년이 지나 성숙한 여대생이 되어 유럽을 누비고 돌아온 아이에 대한 보고픔에 교통 신호의 붉은색이 그렇게 야속해 보일 수가 없었던 것이다.

자는 수혜를 깨워서 네 식구가 모여 앉아 선물을 받으며, 여권 잃어 버렸던 에피소드 등 여행담에 시간 가는 줄 몰랐다. 불어 실력은 짧은 기간에 크게 늘 수가 없겠으나, 세상을 보는 눈이 넓어진 것 그것 하나 만이라도 연수의 큰 소득으로 위안해 본다.

특히 스위스 나라 이야기가 나왔을 때 작년 이맘 무렵, 내가 소련 여행에서 돌아오는 길에 스위스 여행을 하면서 썼던 '스위스 초행기'란 나의 기행문을 다시 읽어 주자, 자기가 귀국하기 바로 전에 보았던 스위스 인상과 어쩌면 그렇게 똑같을 수가 있느냐고 하면서 동감해 마지않는다.

옆에서 함께 듣고 있던 고등학생인 아들 남윤이는 이 기행문은 국어 교과서에 실어도 될 정도의 글이라고 치켜세워 주자, 수혜는 남윤이가 아빠한테 최대의 아부를 한다고 하면서 모두들 한 바탕 웃음꽃을 피웠다.

남윤이는 벌써부터 큰소리를 치지만, 오랜 세월이 지난 다음 자식들이 이러한 나의 삶의 기록들을 활자화해 준다면 얼마나 보람 있을까 하고 혼자 마음속으로 기대해 본다. 세월의 빠름을 잘 알고 있는 나로서는, 어쩌면 책의 탄생 때까지 내가 지상에 생존해 있을까 하는 생각이 들기도 했다.

가족끼리 오순도순 나누는 이야기꽃 속에 수혜의 귀국 첫날 밤을 맞이하면서, 금지옥엽(金枝玉葉)으로 키워 제 짝 찾아 훌훌 떠날 딸이란 존재의 의미를 되새겨 본다.

〈1990. 8. 13〉

그리고 6년의 세월이 흘렀다.

그 사이 수혜는 대학을 졸업하고 직장에 다니면서 하늘이 맺어준 인연으로 어디 흠 잡을 데 하나 없는 훌륭한 배필감을 만나, 마침 오늘 우리 부부랑 혼수 준비를 함께 하기에 이르렀다.

쇼핑을 끝내고 집으로 돌아올 때, 수혜는 언제나처럼 우리 차에 함께 타려니 하는 부모의 잠재의식을 지워 버리기라도 하듯, 너무나 자연스럽게 자기 신랑감 차에 냉큼 올라탔다.

저녁 시간 창밖으로는 겨울비가 추적추적 내리는 가운데 차를 몰고 오면서 이 차에 응당 타고 있어야 할 수혜가 보이지 않자, 이제는 정말 수혜가 내 품을 떠나는구나 하는 현실에, 불현듯 말로 표현할 수 없는 감정이 폭발하여 눈물이 나오기 시작하는데, 아내의 핀잔에도 아랑곳 않고 하염없이 계속 흘러내리기만 했다.

좋은 신랑감 만나 적령기에 축복받을 결혼을 앞두고 흘리는 이 눈물은 창 밖으로 내리는 비의 우수가 내 마음을 적시기 때문이려니 하고 애매한 비에게 핑계를 대 본다.

이 눈물의 감정, 말과 글로 표현할 길 없는 이 마음의 행로가 바로 부정(父情)인가 보다.

〈1996. 11. 24〉

광복절 날, 수필집 읽다

오늘 공휴일을 맞아 모처럼 거실 바닥에 누워 한가롭게 서울대학교 교수이자 국문학자인 박동규 교수의《인간은 혼자서는 살 수 없다》라는 수필집을 읽었다.

바쁜 회사 업무에 중책을 맡아 하루하루 격무에 시달리다가, 주말이 되면 스트레스 해소 차원에서 어떻게든 필드에 나가려고 애쓰는 중에서도, 오늘 같은 공휴일에 내가 특히나 좋아하는 주옥 같은 수필집을 읽는 것은 나한테는 무엇과도 바꿀 수 없는 청량제이다.

그렇지만 막상 수필집을 읽으려 해도 시간 핑계를 대고 잘 읽게 되지 않을 뿐만 아니라, 젊어서부터 수필집을 많이 읽어 온 터에, 성에 차는 수필집을 구하기도 쉽지 않아 그간 책과는 거리를 두어 오다가 오늘 모처럼 임자다운 수필집을 만나 갑자기 부자가 된 기분으로 단숨에 책을 읽어 내려갔다.

저자가 연령적으로는 우리와 비슷한 연배이지만 시인이자 방송 출연자로서의 그의 글은 참으로 유려하고 막힘이 없었다. 물이 흐르는 듯 담담하여 마치 갓 길어온 샘물을 마시는 듯했다. 한 장 한 장 읽어감에 기쁨이 커지고, 독서의 즐거움이 더해지면서, 인생을 관조함에 깊이를 더해 가는 것 같아 책장 넘기기에도 아쉬움을 느낄 정도였다.

지극히 평범한 소재를, 언제나 우리 주변의 일상적인 이야기를 어려운 말 없이 이렇게 쉽게 쓸 수 있는 재주가 어디에서 나올 수 있는지? 혹시 선친인 청록파 박목월 시인으로부터 그러한 DNA를 받지나 않았는지? 읽을수록 궁금증이 더해 간다. 경주가 고향인 저자는 아래 인용문과 같은 지극히 평범한 필체로 고향 이야기를 많이 썼다.

'어린 것의 손을 잡고 고향 여행을 떠나는 마음, 그것이 바로 삶의 순수성이다.'

초저녁엔 광복절 불꽃놀이가 남산 하늘을 뒤덮었다.

전에는 그저 황홀한 광경에 찬탄만 발하였으나, 오늘은 문득 짧은 찬탄 뒤에 허무를 느꼈다. 아마도 연륜이 한 살 씩이라도 더 쌓여가기 때문일 것이다.

〈1990. 8. 15〉

백운대 등반

처음 서울 올라와서 대학 시절이나 직장 생활 초년병 시절까지 등산은 나와는 거리가 먼 것이었다.

높은 산을 등산할 정도로 체력이 강인하지 못했을 뿐만 아니라, 무엇보다도 하루 중 오랜 시간이 걸리는 등산을 할 수 있는 시간적, 정신적 여유가 없어서 등산을 엄두도 내지 못하다가 40대 중반에 퇴행성 허리디스크로 고생할 때, 골프를 그만 두고 등산으로 허리 근육을 강화하라는 전문가의 의견을 좇아, 북한산, 관악산, 청계산을 비롯하여 가까운 대모산, 구룡산도 열심히 찾았다.

한 이삼 년간 매 주말마다 골프 대신 등산을 하다 보니, 등산의 묘미에 빠져 마침내 서울 시내에서 제일 높다는 백운대 등반에 나서기에 이르렀다.

늦가을 날씨에 하늘은 끝 간 데 없이 푸르고, 느끼는 공기는 약간 쌀쌀한 편이나 바람이 거의 없어 등산하기에 더없이 좋은 날씨였다.

우이동 도선사 주차장에 도착해 보니, 30여명의 우리 회사 산악회 직원들이 모여 물건을 챙기면서 등산 준비를 서두르고 있었다. 비록 회사 산악 회원들 따라 나선 백운대 등반이지만, 나로서는 벼르던 첫 백운대 등반길에 오르려니 각오가 새롭다.

늦가을이라 단풍은 끝 무렵이고, 가지에 남은 붉은 잎새가 작은 미풍에도 힘에 겨워 우수수 떨어지는 숲 속을 지나 가파른 바윗길에 이르자, 양 손으로 로프를 잡기도 하고 앞선 직원의 손을 붙잡기도 하며 악전고투 끝에 정상에 오르니, 시간은 정각 정오였다.

일망무제로 탁 트인 시가지와 산천(山川)은 오염된 공기 탓인지 그리 깨끗해 보이진 않았으나, 서울에서 제일 높은 북한산의 주봉에 오른 감회는 사뭇 새롭다. 아마도 이런 기분을 만끽하기 위해 등산가는 산악의 위험을 무릅쓰고 점점 너 높은 산을 오르는가 보다.

정상에 도착하여 보니, 펄럭이는 태극기 밑에 노산(鷺山) 이은상 시인이 지은 《통일성원》이란 시비(詩碑)가 세워져 있는데 남북교류의 물꼬가 트이려는 요즘, 시비의 글대로 통일의 염원을 담아 여기에 옮겨본다.

조상대대로 물려받은 조국 江山
겨레도 나라도 하나이기에
피와 사랑으로 한덩이 되어
우리 손으로 統一을 이루오리다

(1975. 8. 15. 이은상 글, 김충현 글씨)

〈1990. 10. 28〉

일본에 관한 명상

창밖으로 하루 종일 줄기차게 비가 내리고 있다.

오늘부터 금년 장마가 본격적으로 시작된다는 일기 예보이다. 모처럼 비 내리는 일요일을 맞아, NHK 일본어 위성방송도 들으면서 일본어 공부도 하고, 최인호가 쓴 《부끄러움에 관한 명상》이란 수상록도 읽으면서 한가롭게 휴일을 보내고 있다.

최인호 작가는 몇 해 전 조선일보에 《잃어버린 왕국》이란 소설을 연재할 정도로 일본에 관한 조예(造詣)가 아주 깊으며, 이 수상록에서도 15세기 일본의 선승(禪僧) 이뀨(一休) 스님의 선시(禪詩)를 인용하고 있는데 그것을 옮겨 본다.

> 벚나무 가지를
> 부러뜨려 봐도
> 그 속엔 벚꽃이 없네.
> 그러나 보라, 봄이 오면
> 얼마나 많은
> 벚꽃이 피는가.

그 장(章)의 마지막 구절에는 '아, 흙이란 얼마나 신비한 것인가. 이뀨의 시처럼, 그대 나아가 뜨락의 흙 한 줌을 떠서 가만히 들여다보라. 그 흙 한 줌에는 아무것도 없다. 그런데도 보라. 그 아무것도 없는 흙 한 줌 속에서 나무가 자라고 꽃이 피어나고 풀이 우거지고 개구리가 태어난다.

그 흙 한 줌 속에서 감이 열리고 대추가 매달린다. 우리의 육체도 그 흙 한 줌에서 비롯되어 태어난 것이니, 아아, 우리는 누구인가. 그리고 어디로부터 어디로 가고 있음인가.'

일본 이야기가 나와서 그런데 요즘 신문에는 거의 모두 일본에 관한, 특히 21세기에 일본의 세계 제패에 관한 기사가 많이 실리는데, 그 일본의 자존심을 가장 높여줌으로써 종전 후 일본에서 가장 많이 읽힌 책이 바로 시바 료타로(司馬遼太郎)의 《언덕 위의 구름》(坂の上の雲)이란 소설책이다.

명치유신 초기에 시코쿠(四國) 출신 아끼야마(秋山) 형제의 일본 육군, 해군에서의 활약상을 그린 소설로서, 경제 대국을 토대로 군사 대국, 정치 대국을 꿈꾸는 오늘의 일본인에게는 그들의 정신적 구심점이 될 향수를 그린 소설이다.

일본의 역사, 지리, 문화 등 일본에 관한 것이라면 무엇이든 섭렵하고 싶은 나는, 휴일 오후 서점에 나가 그 책을 찾아보았으나, 한국어 번역판이 없어 할 수 없이 여덟 권으로 된 일본어 문고판 한 질을 사서 읽기 시작했다. 나의 짧은 일본어 실력으로는 책장이 잘 넘어가지 않는다. 그래도 시간이 지날수록 속도가 좀 빨라지며 재미가 붙기도 하였으나, 여덟 권 모두 읽는 데는 얼마나 오랜 세월이 걸릴지, 완독이나 할런지 자신이 없다.

다만, 일본어로 된 일본인의 베스트셀러 소설책을 읽기 시작했다는 데에 그 의미를 찾아볼 수 있을 것 같다.

〈1991. 7. 7〉

수필 문학

10월 초, 그룹 오너와 고위 임원 일행에 끼어 2주간에 걸쳐 미국을 여행할 기회가 나에게도 주어졌다. 보스턴 찰스 강변의 MIT, 하버드 대학, 미시간 호반의 시카고 대학 방문, 전세 경비행기로 대평원을 가로질러 테네시 주의 뉴코아 공장 견학, 링컨을 떠올리게 하는 미시시피 강 구경, 최고급 포시즌 호텔 투숙 등은 이번 미국 방문길에서 얻은 귀중한 견문들이 아닐 수 없다.

여행길에서 짬짬이 《수필 문학》이란 책을 읽었다. 식장 업무 관계상 여러 문학 작품엔 접근할 수 없으나, 그래도 언저리에나마 접근해 볼 수 있는 장르로서는 수필일 것이며, 그러한 내면 욕구의 결과로서 수필 이론에 관한 책을 용케도 구하여 딱딱한 내용의 책을 읽을 기회를 얻게 된 것도 이번 여행길에서 얻은 부수적인 수확의 하나일 것이다.

두꺼운 수필 이론서 한 권을 숙독한 후, 그 요점만 좀 길게 써 보기로 한다.

"수필이란 일정한 형식이 없이 붓 가는 대로 쓰면 되는 줄 아는, 아주 쉬운 장르의 문학인 줄 알고 있으나, 이는 수필의 일면만 나타내는 것으로, 수필의 정말 어려움이란 작가의 인격이 그대로 수필에 투영됨으로 수필가의 품격이 뛰어나지 않으면 아무리 손끝의 글재주를 피워도 품격 높은 수필이 되지 않는다.

수필을 일컬어 '관조의 문학'이라고도 하고, 또한 한 작가의 심상 도야(陶冶) 과정 바로 그것의 문학적 표현이라고도 할 수 있다.

글로 하여 마음이 닦이고 마음으로 하여 글이 닦이는 무수한 반복 끝에 비로소 글도 마음도 조금씩 높은 곳에 다다르게 된다. 따라서 수필을 일컬어 '인품으로 빚어지는 글'이라고 할 수 있다.

생활의 발견(發見)만으로 좋은 수필이 완결되는 것이 아니다.

발견된 생활에 가치를 부여하고, 그것의 의미를 해석하는 과정이 따라야 좋은 수필이 된다. 이것이 잡문(雜文)과 수필을 구획하는 경계선이다. 일반적으로 말하면 생활의 발견은 '소재의 선택'이요, 그것의 가치부여가 '주제 설정'이다.

수필은 고해성사와 같다. 촛불 앞에서 자신이 지닌 모습을 그대로 진실의 거울 앞에 비춰 보이는 일이다. 자신의 참모습을 드러내기 위해서는 맑게 닦아진 마음의 거울이 있어야 한다.

수필은 맑은 하늘, 산야에 피어나는 들국화 같다.

화려하거나 사치스러운 모습과는 달리 수수하고 소박하다. 자신을 과장해서 보이려거나 뽐내려 들지 않고, 진솔한 모습 그대로 보여준다. 한 걸음 물러선 마음의 여유, 남 앞에 나서지 않는 겸허, 꾸밈없는 소박함 속에 수필의 향훈이 있다. 들국화는 화려

한 모습은 아니나, 그냥 외면할 수 없는 매력이 있다. 샘물에 막 얼굴을 씻고 난 모습처럼 그 표정엔 맑은 고요가 가라앉아 있다.

단번에 눈길을 끄는 꽃은 아니나, 볼수록 아리잠직하고 샘물을 길어 올리는 듯한, 신바람이 깃들어 있다. 이 평온하고 정한(靜閑)한 발견과 경지가 수필의 참모습일 것이다.

수필의 전형은 짧은 글이지만, 삶의 온갖 소묘를 담기에 부족하지 않다. 오래 쓰다 보면, 그것이 한 사람이 그리는 '생(生)의 풍물첩'(風物帖)으로 엮어진다. 니체의 《자라투스트라는 이렇게 말했다》는 예의 짧은 수필의 집대성이다."

위에 적어 본 것들이 수필 문학의 이론에 관한 요체들이다. 요는 글재주가 필요한 것이 아니라, 생활의 발견과 그것에 나름대로의 의미를 부여하는 과정을 거쳐 사람 됨됨이의 품격을 높이는 그 자체가 바로 좋은 수필을 쓰는 첩경임을 확연하게 알게 된 것이 얼마나 기쁘고 새로운 사실의 발견인지 모르겠다.

따라서 좋은 수필은 수상문, 기행문, 일기 등 하나하나가 모두 훌륭한 수필의 한 가락이라고 단정적으로 말할 수 있는 것도 이번에 새롭게 알게 된 내용 중의 하나이다.

무릇 너무 욕심을 내지 말자. 재물의 욕심이 아니라 글의 욕심을 말함이다.

마음의 여유를 갖고, 넉넉한 품성을 지니도록 하자. 부하 임직원들에게 너무 가혹하게 대하지 말 것이며, 특히 임원들에게 너그럽게 대해 주자. 이러한 인격 수양이야말로 좋은 글쓰기의 지름길임을 수필 입문서 책이 가르쳐 주고 있다.

정말 인생 묘미의 아이러니가 아닐 수 없다.

〈1991. 11. 1〉

어느 해, 철든 망년회

우리 동기생의 고등학교 졸업 횟수는 18회이므로, 매년 12월 18일을 잡아 그 해의 동기생 망년회를 개최해 오는 것이 전통으로 굳어졌다.

금년 봄 총회에서 내가 우리 동기회 회장으로 선임된 이후, 첫 망년회를 맞이하는 올해는 우리들이 고등학교를 졸업한 지 30년도 지나고 사회적으로도 왕성한 활동을 하고 있는 시점임을 고려하여, 졸업 후 처음으로 망년회에 은사님들을 모시고 사은회를 겸하는 것이 좋을 듯싶다는 평소 내 생각에 동기회원들이 동의해 주어 서울에 계시는 여섯 분의 은사님들을 모시기에 이르렀다.

망년회식에 앞서 회장 신분으로 한 인사말을 듣고 나서, 서울 법대를 나온 최 군이 (빈말일 수도 있겠지만) 명 인사말이라고 치켜 세워주자 순진하게도 그 말을 믿고 원고를 기록해 두었다가 여기에 옮겨 본다.

"동문 여러분!

신미(申未)년 한해가 또 저물어 갑니다.

예년과 같이 망년회란 이름으로 우리 동문들이 한 자리에 또 모였습니다. 그러나 금년은 예년과 좀 다릅니다.

교동 언덕에서 젊음을 불태우시며 오늘의 우리들을 있게 해 주신 여러 선생님들을 이 자리에 모셨기 때문입니다.

30여 년 바쁘고도 때로는 힘들었던 사회 생활을 하는 중에서도, 마음 한구석에는 언제나 여기 계신 선생님들의 은덕을 잊어버리지 않았을 뿐만 아니라, 때로는 선생님들을 생각하면서 더욱 용기를 얻어 어려움을 이겨 낼 때도 있었습니다.

철 늦은 인사이지만 선생님들, 정말 고맙습니다.

선생님들 앞에서는 저희들은 언제나 나이 든 철부지 까까머리 고등학생일 따름입니다. 앞으로도 오래오래 건강하시면서 저희들에게 변함없이 삶의 지혜를 밝혀 주시기 바랍니다.

동문 여러분!

오늘은 은사님들을 모시는 자리이므로 조금은 숙연해지는군요.

신미년 한 해는 정말 다사다난(多事多難)한 한해였던 것 같습니다. 동·서 냉전 종식과 남북 화해라는 국제적 밝은 분위기와는 달리, 국내적으로는 정치 혼란과 경제적 어려움은 이루 말할 수 없었습니다.

각자 개인적으로도 수많은 일로 점철된 한 해였을 것입니다만, 그 모든 것을 내일의 도약을 위한 발판으로 삼으시고, 오늘 이 자리에서는 궂은일은 모두 잊어버리고 젊은 날로 돌아가 즐거운 자리가 되기를 바랍니다.

선생님들, 동문 여러분, 다가오는 새해에는 더욱 건강하시고 하늘의 은총이 가정에 가득하기를 기원합니다. 감사합니다."

그저 단순한 수인사에 불과한 나의 순서 다음으로 참석하신 선생님들의 간단한 인사말이 이어졌고, 평생을 교직에서 보내신 어른들의 말씀이라 어느 하나 흘려들을 수 없었기에, 옛적 교복 입은 학생 때를 회상하며 그분들의 말씀을 간추려 본다.

먼저 고희를 넘겨 인천에서 살고 계시는 국어 담당이셨으며 별명이 '바수가리'인 이춘재 선생님은 아직도 정정하신 모습으로 이렇게 초대해 준 고마움에 교직보다 더 좋은 직업이 어디 또 있을 수 있겠느냐고 하시며, 우리 모두 인생의 나이 지천명(知天命)을 넘겼으므로 이제는 한숨 돌리고 좀 더 마음의 여유를 가지고 나머지 인생을 살라는 말씀은 꼭 나의 경우를 지칭하는 것 같아 찡하게 가슴에 와 닿는다.

다음은 상업과 주산을 가르치셨던 현 모교 권오일 교장 선생님께서 불원천리 강릉에서 일부러 와 주셔서 자리를 빛내 주셨다.

또한 다른 반의 영어 담당이셨던 최문길 현 경기고 교장 선생님께서는 현재 우리 동문들 중 권세와 부를 쟁취한 사람들도 많으나, 그렇지 않고 뒷전에서 묵묵히 성실하게 살아가는 사람들이 정말 훌륭한 사람들이라고 말씀하실 때, 현직 우리나라 최고의 명문 고교 교장 선생님의 고매한 인생관답다는 느낌을 받았다.

다음으로 생물을 가르치셨고 학생주임이셨던 현 건국대 사대부고 박용근 교장 선생님께서는 그때도 그렇게 멋있고 말씀을 잘하셨는데, 여전한 멋쟁이로, 사람은 나이가 들어도 곱게 늙어야 한다며 본인은 아직도 한 30년 더 사시면서 사회 활동을 하시겠다는 그 의욕에 다시 한 번 경의를 표하지 않을 수 없었다.

그리고 서울사대를 갓 졸업하시고 우리가 1학년 당시 지리 담당이셨고 현재 중앙고에 재직 중이신 백낙권 선생님께서는 유일하게 타향 분으로서 첫 부임지였던 강릉이 그렇게 좋을 수 없어 은퇴하면 강릉에 내려가 사시겠단다.

마지막으로 3학년 때 영어 담당으로 우리 문과 담임이셨던 최인선 선생님께서는 처음으로 이런 자리에 초대받은 것이 너무 기쁘다며 말을 잇지 못하신다. 선생님은 그 사이 종종 뵈온 적도 있었고 내 사무실에도 몇 번 다녀가신 적이 있었으며, 또한 내가 이 나이 되도록 영어를 이 정도나마 할 수 있는 것은 전적으로 3년 동안 몸을 불사르는 선생님의 가르침 때문이라고 지금도 굳게 믿고 있다.

끝으로 우리 동기회에서 처음으로 모신 선생님들께서 작은 정성이 담긴 소박한 사은품을 받으시면서 하나같이 어린아이처럼 기뻐하시는 모습을 보며, 동기회장으로서 이런 자리를 마련한 것에 대한 뿌듯한 보람이 마음속으로 가득 차올랐다.

이처럼 올해 치른 송년 모임은 철든 망년회가 아닐 수 없었다.

〈1991. 12. 18〉

마라톤 제패

1992년 8월 10일 새벽, 바르셀로나 올림픽 폐막식이 있기 직전에 열린, 올림픽의 꽃인 마라톤에서 내 고향 삼척 출신 황영조 선수가 세계를 제패하는 방송을 보는 순간, 나의 심장은 흥분으로 멎는 듯싶었다.

여갑순 선수가 우리나라에 첫 금메달 선물을 안겨 주었고, 마지막 날 마지막 금메달을, 그것도 그 전에 딴 256개의 금메달을 모두 합친 것보다 더 무겁고 값진 257번째 금메달을 대한민국에 선사한 황영조 선수야말로 우리나라 올림픽 100년 역사상 어느 누구도 넘볼 수 없는 장거를 이룩한 것이다.

나의 졸필로는 도저히 뛰는 내 가슴을 풀어 헤칠 수 없어 어쩔 수 없이 작가의 양해도 없이 동아일보에 게재된 송우혜 작가의 기사 서두(序頭)를 옮겨 본다.

"이렇듯 아름다운 챔피언은 누가 낳았는가, 누가 길렀는가. 제25회 바르셀로나 올림픽.

그 장려한 탑(塔)은 저 가는 해 그림자를 달고, 몬주익 경기장 메인 스타디움을 상쾌하게 달려 들어온 한국인 마라톤 승자 황영조를 그 꼭대기에 얹음으로써 드디어 아름답게 완성되었다.

황색의 강인한 마라토너 황영조.

바르셀로나여, 그대가 베푼 대축제 최후의 영광인 그를 길이 기리어라.

우리 또한 그가 힘차게 달린 그대의 대지를 영원히 기억하리니.

그가 달리었기에, 그가 승리하였기에, 그의 승리의 아름다움과 청결함이 우리의 가슴을 벅차게 끓게 하기에, 바르셀로나의 대지여, 그대는 참으로 뜨겁게 우리의 마음속에 자리 잡는구나."

그의 승리는 참으로 여러 가지 묘한 인연을 갖고 있다.

56년 전인 1936년 8월 9일 같은 날, 베를린 올림픽에서 손기정 선수가 일장기를 달고 뛰어 월계관을 머리에 썼으나, 그때의 나라 잃은 설움을 오늘 통쾌하게 세계 만방에 갚았을 뿐만 아니라, 마지막까지 경쟁한 상대 선수가 공교롭게도 모리시다 일본 선수이고, 3위를 한 선수가 베를린 땅 독일 선수였던 것이다.

그의 기록은 2시간 13분 22초, 그의 최고 기록인 2시간 8분대에는 좀 못 미치지만, 마지막 2Km의 오르막길에 비추어 보면 결코 나쁜 기록은 아니었다.

삼척군 근덕면 초곡리 출신인 그는 어부인 부친과 해녀인 어머니를 부모로 두고, 옥수수와 감자, 그리고 국수마저 배불리 먹기 위하여 불려서 먹던 가난을 딛고, 눈이 시리도록 맑고 찬 동해의 삼척 앞바다를 달리고 또 달려서 오늘의 영광을 안은 인간 승리의 가장 드라마틱한 표징이 되었다.

이렇게 함으로써 우리 대표 팀은 첫날과 마지막 날의 금메달을 포함하여 금 12개, 은 5개, 동 12개를 따서 전 세계 172개국 중 당당히 7위의 전과를 가슴에 안고 귀국길에 오를 수 있게 되었다.

그의 제패로 한국인의 기상은 세계에 떨쳐졌다. 축 처져 있던 국내의 모든 국민에게 희망과 용기를 가지고 어려운 정치. 경제 난국을 극복해 낼 수 있는 자신감을 안겨 주었고, 그러한 기운은 일순간에 사회에 퍼져, 그의 쾌거의 기사와 화면을 또 읽고 또 보고, 아무리 보고 읽어도 싫증이 나지 않는 것은 나만의 예가 아닐 것이다.

VIVA 황영조!

〈1992. 8. 11〉

강상 교가

누구나 다니던 학교에는 그 고장과 모교를 빛내 주는 교가가 있다.

학교에 입학해 제일 먼저 배우는 것이 교가이고, 나이 들어서도 잊어버리지 않는 것이 또한 교가이다. 교가를 부를 때마다 수십 년 전 아련한 옛날 그 시절로 돌아가는 것이 또한 교가의 마력이기도 하다.

나의 경우는 다섯 단계의 학교에 다녀 5개의 교가가 있다.

'두타산 높이 솟아 동해를 열고'로 시작되는 북평초등학교 교가, '광활한 뒷들 서북 초록산 정기 받고'로 시작되는 북평중학교 교가, 오늘 주제인 강릉상고 교가, 그리고 '가슴마다 성스러운 이념을 품고'가 첫 구절인 서울대학교 교가, 마지막으로 이수한 경영 대학원이 소속된 고려대학교의 교가이다. 그런데 이 고대 교가의 경우는 만학인데다 야간으로 다닌 관계로 외워 부르지 못하고 있어, 고대 맨들을 만나면 나도 고대 교우라고 떳떳하게 말하는데 주저하게 된다.

앞으로 박사 과정을 밟게 될 홍익대학교에도 교가가 분명 있을진대, 늦은 나이의 학업 형편상 제대로 배울 기회가 있을지 모르겠다.

어제 18일은 모교 강상 권오일 교장 선생님의 정년 퇴임식이 모교 강당에서 있던 날이다. 회사 업무와 겸하여 강릉에 내려와서 우리 18회 서울동창회장 자격으로 거룩한 식전에 참석할 기회가 있었다.

3년 선배인 최종영 동문의 대법원장 임명이 바로 얼마 전 일이었고, 현직 재경부의 최 부총리를 비롯하여 수많은 훌륭한 동문들을 배출한 혁혁한 전통의 모교에서 선배이시기도 한 권 교장 선생님의 퇴임식은 여러 가지로 뜻 깊은 행사이고, 평생 교직에 몸담으셨던 본인에게도 무한한 영광의 자리일 것이다.

수많은 걸출한 동문들을 단하에 앉히고 한 시간여 진행된 식순 후 마지막으로 모교 교가 제창이 있었다.

동해바다 우렁차게 해가 솟으면
대관령 빛을 모아 장엄할시고
혁혁한 전통의 우리 학교는
이곳에 희망과 함께 있도다.
지식의 열매를 맺어 주는
우리 모~교, 우리 모교에 영광 드리자.

내가 알고 있는 5개의 교가 중 유독 이 고등학교 교가를 부를 때면 가슴은 용솟음치고, 목소리는 높아지며, 심장의 고동이 들리는 듯한 느낌이 드는 것은 아마 혈기왕성한 고등학교 시절의 교가이기 때문일 것이다. 아니면 중학교 때까지는 없었던 우렁찬 브라스 밴드에 맞춰 부르던 교가이기 때문일지도 모르겠다.

그 사이 졸업 후 각종 행사 때마다 수없이 많이 불러 보았던 모교 교가였건만, 오늘 따라 남달리 깊은 감회에 젖게 된 것 역시 35년 전으로 거슬러 올라가 후배 밴드부의 연주에 박자를 맞추어 불렀던 연유일 것이다.

이제 고교 은사이시던 정의곤, 김영수 선생님도 내년이면 모두 정년 퇴임 하신단다. 세월의 물살이 그만큼 빠르게 흘러갔음을 새삼 느낀다.

어느 글에서 본 것처럼 세월이 지나가는 소리가 귀에 들리는 듯하다.

식이 모두 끝난 후에는 강릉 동기생들과 즐거운 중식을 함께 하였다. 나이 들어서도 오늘처럼 그들과 어울려 보람 있는 인생 황혼기를 보낼 수 있도록 마음속으로 기원하면서 다시 서울로 아쉬운 발걸음을 옮겼다.

〈1992. 8. 19〉

청숫골 성당 100년

주일 미사에 다녀왔다.

이런저런 핑계로 주일미사에 참례하지 않는 날이 참례하는 날보다 훨씬 많은 나로서 남들한테 성당에 다닌다고 말해도 되는지 모르겠으나, 고해성사도 보지 않고 영성체는 빠지지 않으니 그 염치는 또 어디에서 나오는 것인지, 나 같은 사이비 신자가 또 어디 있을까 하고 스스로 반문해 본다.

오늘 주일은 참으로 뜻이 깊은 날이다. 우리 본당 청담성당이 탄생한 지 올해로 100주년이 되는 해이기 때문이다. 1892년 구한말 당시 광주군(廣州郡)에 속하는 이곳 청숫골에 공소가 생기자, 천주학쟁이들이 보기 싫어 많은 백성들이 다른 곳으로 이사까지 갔다고 한다.

그러던 이곳이 백 년이 지난 오늘날 수도 서울의 가장 한 복판이 되었고, 이곳 청숫골 청담성당을 본당으로 하여 논현동, 대치동, 압구정동 등등 많은 본당이 분화되어 떨어져 나갔음에도, 오늘날 1만 2천여 명의 신도를 거느리는 대성당으로 발전하게 되었다.

그렇다면 역사의 흐름에 따라 이러한 외형적 성장이 가능하게 된 사회의 밑바탕엔 어떤 정신적 배경이 깔려 있으며, 또한 그들의 신앙 생활의 정도는 그때와 비교해서 어떻게 달라진 것인지 한번 되돌아보면, 정신적 황폐에 따른 일시적인 도피처로서의 유행성 신앙 추종자가 대부분이 아닐까 하고 예상해 본다. 이런 현상은 천주교 외에도 불교나 기독교 쪽이 그 정도가 더 심하지 않을는지도 모르겠다.

미사가 끝난 후 100주년 기념식에서 1892년에서 1937년까지 초대 공소회장을 지낸 이인의(방지거) 씨의 장손을 비롯하여 초대 청담성당 신앙 선배들의 후손들이 하늘나라에 가까운 오늘날까지도 깊은 신앙 생활과 교회 재건에 이바지함을 보고 나와 같은 맹목적, 유행성 신자로서도 깊은 감명을 받지 않을 수 없어 그들의 공적을 이름과 함께 적어 본 것이다.

오늘 미사는 군종신부를 오래 하신 정 주교님을 모시고 '군인의 날'을 기념하는 식순으로 이어졌다. 그분의 강론 중 아무리 가난한 자도 남에게 베풀 게 있으며, 아무리 부자라도 줄 마음이 없으면 남에게 베풀 것이 하나도 없다는 말씀에, 늘 아는 내용임에도 불구하고 마음에 깊이 집히는 데가 있어 새삼 부끄러움이 앞섰다.

또한 강론 중, 신학대학 재학 시절 본인에게 도움을 준 미국 시민을, 사제 서품 후 미국 방문길에 인사도 할 겸 더 도움을 받을까 하는 마음속 욕심으로 찾아가 본 즉, 그가 뜻밖에도 눈먼 맹인으로 아무것도 가진 것이 없었다는 일화와 함께, 오늘 미사 중에 혈기왕성하면서도 고민이 많은 아들 같은 군인들을 신앙 생활로 인도하기 위하여 우리 청담성당 신자들에게 도움을 청하자, 예상외로 많은 호응이 뒤따르는 것을 보고 마음속으로 한 가닥 흐뭇함을 느꼈다.

작은 정성이나마 남을 돕는다는 것은 언제나 기쁜 일이다. 하지만 액수를 따지다 보면 쉽사리 하지 못하는 것이 또한 선행이다.

그리고 보좌신부 한 분이 월계본당 주임신부로 임명받아 떠나는 송별식도 함께 있은 후, 마지막으로 젊은 남녀 대학생들이 펼치는 청숫골 100주년 한 마당 축하 꽹과리 농악풀이를 한동안 물끄러미 바라보면서, 100년의 세월을 더듬어 본다.

〈1992. 10. 4〉

황궁 산보(散步)

모처럼 일본 출장길에 올랐다.

우리 회사와 업무 협조를 맺은 '다이세이(大成)건설' 회사를 방문하여 상호 관심사를 협의하고 기술연구소와 건설 현장 등을 둘러보았다. 출장 중임에도 짬을 내어 동경 지사장을 사무실로 돌려보내고 혼자서 언제나처럼 궁성 앞 산보 길에 올랐다. 그 사이 여러 번 일본에 올 때마다 황궁 앞 산보를 한 번도 빠뜨린 적이 없다.

약 400여 년 전 에도막부(江戶幕府)가 들어서면서 농경 한 복판에 지은 이 궁성은 그 규모의 방대함을 떠나서 가장 일본적인 것을 나타내 주기에, 그 체취를 몸소 몸으로 느껴보기 위하여 바쁘면 바쁜 대로 한가하면 한가한 대로 꼭 들려서, 해자 안쪽은 비록 한 발짝이라도 들어갈 수 없으나 해자 속에 노니는 고니나 물고기, 성곽을 둘러싼 돌 하나하나, 궁성 앞 넓은 정원에 수백 년 자라면서도 쭉쭉 뻗지 못한 흑송 등등 눈에 보이는 모든 것을 하나 빠뜨리지 않고 관조하면서 일본이라는 나라를 생각해 보았다.

오늘도 니쥬바시(二重橋) 앞을 지나면서 아스라이 어렸을 적, 이웃한 원산댁 할아버지께서 일정시대에 이곳 니쥬바시 앞에서 찍은 사진 생각이 문득 떠올라, 그 니쥬바시를 다시 한 번 쳐다보게 되면서 입에서는 어렸을 때 부르던 '기러기'란 동요가 저절로 불리어 진다.

울 밑에 귀뚜라미 우는 달밤에
기럭기럭 기러기 날아갑니다.
가도 가도 끝없는 넓은 하늘을
엄마 엄마 찾으며 날아갑니다.

한 번 부르고 또 부르면서 몸은 궁성 앞에 있으면서도 마음은 아득히 한 번도 만나 본 적이 없는 원산댁 할아버지를 떠올리게 된다. 동요의 마력인지, 니쥬바시의 마력인지, 유년시절 그 할아버지의 손자인 코흘리개 나의 영원한 단짝인 최 군이 아련한 그리움으로 다가왔다.

궁성을 뒤로하여 앞쪽의 마루노우찌(丸の內), 오데마찌(大手町)의 스카이라인을 휘둘러보고 머리를 들어 하늘을 쳐다본 즉, 서녘으론 겨울 노을이 지고 사위는 쥐 죽은 듯 조용하며 궁성 쪽에서는 가끔 까마귀 울음소리만 들릴 뿐, 인적이 드문 이곳이 바로 동경 한복판일까 할 정도로 고즈넉함과 정밀이 감돌뿐이다.

세월이 흘러 일본을 드나드시던 그 할아버지의 손자는 고향을 지키며 일본 한 번 못 와 보고, 궁성 사진 보며 꿈만 키우던 나는 동경을 제집 드나들 듯 다니면서 궁성 앞뜰을 이처럼 산보하고 있으려니, 기쁜 마음과 함께 두려운 마음이 가슴을 스쳐가기도 했다.

궁성 서쪽 성문을 지나면서 문짝 하나하나 살펴보며 해자를 따라 발길을 걷노라니, 몸은 어느덧 국회의사당 앞을 지나 그 이름도 유명한 오쿠라쇼(대장성) 등 관아가 즐비한 곳을 거쳐, 두어 시간의 산보 끝에 지사 사무실에 이르렀다.

〈1992. 12. 20〉

설날, 서귀포에서

계유(癸酉)년 닭띠 설날을 서귀포에서 맞이했다.

춘천 형님 댁에서 양력설 차례를 지내고, 올해는 모처럼 아내와 함께 집을 떠나 홀가분하게 설 연휴를 제주도에서 보내기로 했다.

서귀포시에는 회사에서 공사 대금으로 받은 빌라가 몇 채 있는데, 그중 하나를 골라 여장을 풀고 베란다로 나가 망망대해의 태평양을 바라보는 순간, 십 년 묵은 서울 생활의 분진이 몸에서 떨어져 나가는 기분이었다.

아내와 단둘이서 손을 마주 잡고 정방폭포를 구경한 다음, 주상절리(柱狀節理) 벼랑 끝으로 난 올레길을 따라 석양의 바다를 조망하며 산책하는 이 한유함이야말로 어디에도 비할 수 없는 기쁨 그 자체이다.

겨울인데도 바람 한 점 없는 바다는 잔파도 하나 없고, 벼랑 끝으로 내려다보이는 쪽 빛 바다는 밑바닥까지 보이는 명징 그대로이며, 숱한 세월 해풍에 견디어 낸 해송(海松)은 양양 의상대 주변을 감싸고 있는 해송 모습과 흡사했다.

날씨는 봄날같이 따사로워, 혹한의 육지에서 내려온 우리에게는 사철 나무가 푸르른 이곳 풍광이 우리나라가 아닌 남국(南國) 어디에 온 듯한 기분이며, 모처럼 함께 즐거운 여행을 하고 있는 아내는 웃음이 얼굴에서 떠나지 않았다. 회사 일로 바쁘다는 핑계로 이런 기회를 자주 만들지 못한 나로서는 이번 여행으로 지난 날 아내에게 부족했던 일들이 어느 정도 상쇄되었으면 하는 마음이다.

설날 아침, 둘이서 우연히 MBC 설날 특집극인 '야등이'를 넋이 나간 채 두어 시간 보았다. 가장 고생했던 우리 50대들이 어렸을 적, 검은 고무신조차 제대로 한 번 신어 보지 못하고 자랐던 시대 상황을 거슬러 올라가며 비춰 주는 상면에서, 바로 그때의 우리 자신들 모습을 다시 보는 것 같아, 과거를 회상하면서도 한 세대가 지난 오늘 날 우리네 생활의 풍요로움을 새삼 느꼈다.

서귀포에는 공사 현장 점검 차 여러 번 방문하였으나, 아직도 밤섬, 범섬, 문섬, 섶섬이 어느 것인지 구별이 잘 안 되며, 근래에는 고급 호텔이 많이 들어서면서 신시가지가 개발되고 중문단지도 옛날과 달리 많이 변하였다.

오후에는 차로 드라이브하면서 여미지(如美池)도 관람하고, 신라 호텔에 들러 공짜 설 떡도 기분 좋게 얻어먹고, Hyatt 호텔에 들러 경치의 아름다움에 매료되기도 하면서 하루를 보냈다.

이번 여행길에 숭실대학교 안병욱 교수의 서른아홉 번째 책인 《인생론(人生論)》을 짬짬이 읽었다. 평이하면서도 인생을 전력투구(全力投球)하며 살라는 그분의 글은 언제 읽어도 우리를 다시 깨우치게 하는 유익한 글로 가득 차서 인생의 좋은 반려자 구실을 해 주었다.

인생론에 나오는 인상적인 몇 구절을 옮겨 본다.

'철학자처럼 사색하고 농부처럼 일하여라. 이것이 이상적인 인간상이다.' (장 자크 루소)

'결혼생활, 이 거친 바다를 헤쳐 나아갈 나침반은 아직 발견되지 않았다.' (입센)

'공자의 쉰 살 지천명(知天命)은 두 가지 뜻으로 해석된다고 한다. 천명(天命)의 소극적 의미는 자기 능력의 한계를 깨달아 인간의 생사는 어떻게 할 수 없는 것이며, 적극적 의미는 명(命)을 사명(使命)으로 보는 것이다.

천명이란 하늘이 나에게 부여한 사명이다. 따라서 지천명은 자기의 사명을 깨닫는 것이다.'라고 풀이하고 있다.

설날 연휴를 맞아 서귀포에서의 호사스런 여행을 즐기는 가운데서도 안 교수의 전력투구하라는 인생좌표를 다시 한 번 되새겨 본다.

〈1993. 1. 23〉

사람답게 사는 길

나는 가벼운 에세이 류(類)의 산문 읽기를 좋아한다.

특히 학창 시절과 젊었을 때에는 이름 있는 학자들의 인생론 책들을 많이 읽었다. 월탄 박종화, 일석(一石) 이희승, 노산 이은상, 서울농대 유달영 교수, 청량리 정신병원장이며 최현배 박사의 자제분인 최신해 박사, 숭실대 안병욱 교수, 그리고 연세대 김형석 교수 등의 책들은 한시(漢詩)를 곁들여 인생을 살아가는 데 좋은 귀감이 되는 인생독본으로서, 그때 읽은 글들이 나의 인격 형성에 은연 중 영향을 미쳤으리라고 나는 굳게 믿고 있다.

그때는 그분들이 인용했던 한시들이 너무 멋있어서, 몇 년 전까지만 해도 내가 회사에서 은퇴하면 성균관대학에 다니면서 한문, 한시 공부를 해 보겠다는 노후 설계까지 하고 있었을 정도였다.

일석(一石)의 《딸깍발이》를 비롯하여 그 당시 읽었던 많은 보석 같은 책들이, 이사를 여러 번 하면서 버려진 세간살이들 속에 끼어 사라진 것은 지금까지도 크나큰 아쉬움으로 남는다.

그분들 중 김형석 교수의 글들은 여성적이고 섬세한 편이며, 대학 때 읽었던 그분의 《영원과 사랑의 대화》란 책의 맨 마지막 장(章)은 아직도 뇌리에 수정 같이 남아 있다.

그에 비하여 안병욱 교수의 글들은 그의 강연 목소리와 같이 힘이 있고, 우리 삶의 길잡이가 되는 내용들이 많아서 평소 나의 주례사 중에는 그분의 책 중에서 좋은 구절을 많이 인용하기도 했다.

최근에는 신문에 실린 안병욱 교수의 최신작 《사람답게 사는 길》이란 광고를 보고서, 책 제목이 너무 마음에 들어 한권 사서 몇 시간 만에 독파하였다.

제1장 첫 머리에 '인간은 자유를 먹고 사는 동물이다. 자유의 나무에 기쁨의 꽃이 피고 행복의 열매가 열린다. 우리는 자유사회의 자유인(自由人)이다.'라고 설파하고 있다.

사람답게 사는 첫 걸음이 자유라고 하는 그분의 말씀은 요즘 번민 속에 있는 나의 앞길을 밝혀 주는 등불 같아서, 이 책을 사서 읽어 보기를 잘했구나 하는 느낌을 받기도 하였다.

자유 다음으로 사랑을 꼽았으며, 인간의 마지막 양식으로 꿈을 갖는 것이라고 하였다.

"인간은 꿈을 먹고 사는 동물이다. 꿈이란 무엇이냐. 밝은 희망이요, 아름다운 이상이요, 간절한 소원이요, 커다란 비전이다. 산다는 것은 중요한 꿈을 갖고 그 꿈을 이루기 위하여 주야로 분투 노력하는 것이다. 꿈이 없는 인생은 허망하고 무의미하고 가치가 없다.

산다는 게 무엇이냐. 꿈의 실현이다. 우리는 밥을 먹어야 하고,

자유를 먹어야 하고, 사랑을 먹어야 하고, 꿈을 먹어야 한다. 이것이 사람답게 사는 길이다."

위에 적은 안 교수의 사람답게 사는 길의 요체를 읽어 보면, 각박한 현실 세계에 비추어 볼 때 그 분의 글은 조금은 형이상학적이고 추상적인 면이 없지 않으나, 그래도 우리들이 인생을 좀 더 멀리 내다보면서 살아가는 데 하나의 좌표가 됨에는 틀림없을 것이다.

〈1997. 10. 12〉

* 옛날 노트를 뒤져가며 《사람답게 사는 길》을 정리하고 있던 지난 7일, 안 교수는 50여 권의 금싸라기 같은 인생론 책들을 후세에 남기고, 우리 나이 94세에 돌아가셨다는 부음을 신문에서 읽었다.

〈2013. 10. 12〉

3부 • 행상하는 여제자

행상하는 여제자

지난해 필설로 다 할 수 없는 IMF 환란을 겪고 난 후에도, 어김없이 또 새해가 밝아왔다.

텔레비전에서는 송구영신(送舊迎新)의 의미를 되새기기 위하여, 새해 일출(日出)을 보려는 사람들의 행렬로 동해안을 가득 메운 광경을 뉴스 시간마다 보여주고 있다.

강릉의 정동진은 TV 드라마에 여러 번 나왔고, 연인들 사이에 널리 알려져 해돋이 관광 열차와 버스가 운행 중에 있으며, 특히 금년 새해에는 정동진 외에도 경포대와 동해시의 망상해수욕장 및 촛대바위로 유명한 추암 등에도 수만 명의 인파가 모여들었다는 소식이다.

힘들었던 지난해를 잊고, 새해에 거는 국민들의 기대가 그만큼 크다는 이야기가 되겠다.

오늘 오후에는 사외이사로 있는 외환은행 이사회에 참석한 후 명동 한복판 상업은행 지점 앞을 지나다가, 내가 출강하는 모 대학 야간부의 정 양이 서 있기에 반갑게 새해 덕담을 나눈 후, 그 학생에게 여기에서 누구를 기다리느냐고 물어 본 즉, 바로 옆자리 좌판에 놓여 있는 반지, 목걸이 등 액세서리 물건들을 가리키며 이 물건들을 팔고 있다는 것이다.

대학 주간부와는 달리 야간부에서는 군인들과 직장인들이 많이 재학 중이라는 것을 알고 있는 나로서는, 그들의 사정을 감안하여 강의를 하고 있다.

그러한 급우들 중에 정 양은 다른 학생들보다도 나이가 조금은 더 들어 보이고, 겉으로 풍기는 인상도 구김살 하나 없이 맑으며, 언제나 교실 맨 앞자리에 앉아 열심히 강의를 듣는 모습이 너무나 대견스러워 이름까지 정확히 기억하고 있는 학생이다.

그러한 정 양이 살을 에는 소한 추위 속에 새해 벽두부터 길거리에서 행상하는 광경을 목격하고 나니, 신생인 나로서는 갑자기 찡하고 안쓰러운 마음이 가슴을 파고들었다.

그렇지만 당사자는 어두운 그림자 하나 없이 밝은 표정으로 나의 손을 덥석 잡으면서 장사만 아니면 교수님 모시고 다방에서 차나 한 잔 대접하고 싶다고 말하는 진솔한 모습에서, 여리고 천진한 여대생이 아니라 강인한 생활인(生活人)의 한 모습을 보는 듯했다.

정말로 장사하는 시간만 아니면, 다방에 들어가 사제 간에 내가 먼저 추위를 녹여 주는 차라도 한 잔 사 주고 싶은 것이 그 순간의 솔직한 내 심정이었다.

다음 번, 언젠가 명동을 지날 때 그 자리에서 정 양을 다시 만나게 된다면, 내가 먼저 다방에 데리고 가서, 차도 한 잔 사 주면서 인생을 살아가는 데 도움이 되는 격려의 말이라도 해 주어야겠다고 다짐해 보면서, 내심으로는 이 어려운 환란 와중에, 이 혹한의 겨울 한복판에 장사라도 잘 되었으면 하는 바람과 함께, 다른 한편으로는 측은한 마음에 새삼 가슴이 아려온다.

〈1999. 1. 5〉

건설회계학 출간

나는 평소 회사의 경영관리 업무를 맡으면서 직원들의 교육에 남다른 관심을 가져왔다. 몇 년 전에도 대학에서 MBA 과정을 마치자마자, 그때 새롭게 배운 회계학 지식을 더 잊어버리기 전에 직원들에게 전수시켜 주어야겠다는 일념에서, 일과가 끝난 저녁 시간에 몇 주간에 걸쳐 전달 교육을 해 준 일도 있었다.

회계학은 '기업의 언어'(The language of business)로 일컬어지며, 직장인이면 직급의 상하와 직종의 구분 없이 누구든지 기초지식을 알고 있어야 할 과목이므로, 언젠가는 회계학과 건설업을 연계한 《건설업 회계》란 책을 출간해서 우리 회사 임직원들에게 나누어 줘야겠다는 포부를 일기장에 밝힌 것이 1992년 8월의 일이었다.

그로부터 7년의 세월이 흘러 오랜 산고 끝에, 마침내 《건설회계학(建設會計學)》이란 제목의 옥동자가 하나 탄생되었다.

당초 의도했던 책 제목과 조금 다른 것은 학위를 받고 난 이후, '건설회계'를 하나의 학문분야로 격상시켜 보겠다는 생각에서 제목 끝에 학문의 '학(學)' 자를 붙였기 때문이다.

꿈이란, 목표를 갖고 그 목표를 향해 부단히 노력하면 언젠가는 그 꿈이 실현된다는 평범한 진실이, 오랜 세월 끝에 탄생한 내 책의 경우가 잘 말해 주고 있다.

회사에 몸담고 있을 때는 시간 관계상 머릿속으로 구상만 하고 있다가, 삼일회계법인에 나가면서부터 시간적인 여유가 생겨서 본격적으로 집필하기에 이르렀다. 그 사이 기업회계 기준이 대폭 개정되어 새롭게 공부하는 수고도 겪었으나, 그래도 책을 많이 출간한 삼일회계법인 출판부에서 정성 들여 만든 나의 첫 작품은 디자인부터 모든 것이 마음에 든다. 아주 잘 생긴 자식 같다.

그리고 책 머리말에 일반적으로 넣어야 할 사람들에 대한 인사말 외에도, 손주 주호 이름을 넣느냐 마느냐를 가지고 여러 사람들과 토론해 본 결과, 일부 사람들의 반대가 있었으나 저자인 내 주장대로 손주 이름도 올렸다. 주호가 머리말에 자기 이름이 올라 있는 것을 보고, 먼 훗날 어떻게 생각할까 하고 머릿속으로 한번 웃음 지어 본다.

마지막으로 이렇게 혼신의 노력을 쏟아 나온 책이 시중에서 좀 많이 팔렸으면 하는 바람이 있으나, 이는 어디까지나 책의 내용과 마케팅에 달려 있을 것이므로 지금으로서는 내심 욕심만 가져 볼 따름이다.

다음 주부터는 이런저런 그룹 별로 출판 기념 회식도 가져 볼 참이다.

〈1999. 7. 10〉

그 사이 여러 그룹별로 출판 기념 회식을 가졌으나, 그래도 가장 인상에 남는 모임은 고3 담임이셨던 최인선 선생님을 모시고 분당에 거주하는 강상 동문 10여 명과 가진 회식이었다.

선생님께 대한 인사말은 책 머리말에도 썼듯이 '선생님의 크나크신 은혜에 대한 작은 보답'이란 짧은 글로 대신했다.

그리고 며칠 지난 오늘, 고교 한 해 선배 기수이며 미국 오하이오 주립대 교수인 김건일 선배의 귀국 환영 만찬에, 최 선배의 배려로 한 해 후배인 이영래 군과 나도 자리를 함께하는 영광을 가졌다.

김 교수는 나의 고등학교와 대학 선배로서 학창 시절부터 이지적인 면모에다, 오랜 기간 미국의 교수 생활에서 쌓인 연륜이 더해져 석학(碩學)으로서의 은은한 서향(書香)이 배어 나오는 것 같아, 이러한 분이 선배란 사실 하나만으로도 후배로서 자랑스러움을 느꼈다.

한편 그간 졸저 《건설회계학》은 꾸준하게 팔리어 몇 차례 증판도 하였으며, 그동안 몸담았던 건설회사에서 직원들이 많은 부수를 소화해 주었고, 대학 동기들인 외환은행의 이 행장과 신용정보회사의 김 사장이 대량으로 구매해 주었을 뿐만 아니라, 무엇보다도 대형 서점에서 하루도 빠짐없이 꾸준하게 팔리고 있어,

요즘엔 기분이 여간 흐뭇하지 않다.

그래서 큰 서점에 들를라 치면 회계학 코너에 가서 내 책이 꽂힌 위치도 보고, 직원들한테 판매 부수도 물어 보는 습관이 최근에 하나 더 생기게 되었다.

경제지에도 내 책이 소개 되어 연세대, 한양대 건설경영대학원 등에서 야간으로 몇 학기 동안 '건설회계' 특강도 하게 된 덤도 뒤따랐다.

남들이 쓰지 않았던 건설회계란 분야를 차별화하여 쓴 전문서적인데다가, 내가 건설업에 오래 종사한 경력이 보태져서 예상했던 것 이상으로 독자들의 반응이 좋아, 그 사이 걸어왔던 내 인생역정과 책 쓴 수고가 헛되지만은 않았음을 느끼게 되는 요즘이다.

〈1999. 9. 4〉

* '회계학'의 중요성을 상징하는 하나의 사례로서, 몇 년 전 '두산' 그룹이 인수한 중앙대학교에서는 전 재학생이 재학 중 회계학을 필수 이수과목으로 지정했다는 중앙 일간지의 최근 기사에서도 잘 나타나고 있다.

〈2014. 4. 30〉

버스 여행의 재미

지난 목요일에는 모교인 북평초등학교 졸업식에 참석하기 위하여 고향길에 올랐다.

언제나 시간에 빠듯하게 맞추어 가는 나의 습관 때문에 동해행 고속버스 시간표에 맞추어 반포 터미널에 도착하였으나 그 시간 버스표는 이미 매진되고 없었다. 할 수 없이 강릉행 표를 사서 버스 중간쯤 좌석에 앉아 창밖으로 스치는 겨울 풍경을 바라보면서 영동고속도로를 달렸다.

소사 휴게소에서 잠시 휴식을 취한 후, 버스가 다시 출발할 때쯤에는 바깥 세상은 어둠에 덮여 며칠 전 내린 눈 구경도 할 수 없고, 버스는 목적지를 향하여 그저 어둠 속을 달릴 뿐이었다.

나는 쉬이 잠도 올 것 같지 않고, 그렇다고 업무 출장이 아닌 이상 특별히 심각하게 고민할 거리도 없어 심심하던 차에, 통로 건너편 좌석에 여대생 차림의 젊은 여인이 혼자 앉아 있기에 무료를 달래 볼까 하여 먼저 내 신분을 교수라고 밝혀 상대를 안심(?)시킨 후, 그 옆 빈 좌석으로 자리를 옮겼다.

앉아서 이야기를 시작하여 보니, 그녀는 외대 신방과 3학년 여대생으로 내일 관동대를 졸업하는 절친한 친구를 축하해 주기 위하여 강릉으로 가는 길이라고 했다.

또한 자신은 국내 모 대학 국문과를 다니다가 미국으로 유학을 가서 캘리포니아 주 소재 Community College를 졸업하고 외대

3학년으로 편입하였으며, 아버지는 큰 건설회사에 근무하던 중 작년 IMF 한파로 회사를 그만 두어 집안 분위기가 많이 어두워졌다고 했다.

그러나 집안의 어려운 형편과는 달리 이 여학생은 밝은 표정으로 나와의 대화를 이어갔는 데, 우리 둘은 미국 생활 이야기, 영어 이야기, 경제와 문학 이야기 등 갖가지 대화를 이어가다 보니 어느덧 차는 강릉 터미널에 도착하였다.

나는 이 여학생과 이야기를 끝내면서 앞으로 신방과를 졸업하고 사회에 진출하면 폭넓은 상식을 지녀야 하는데, 나와의 이러한 대화로 많은 상식이나 지식을 얻게 되었으므로 상당히 유익한 여행이 되지 않았느냐고 일방적인 결론을 내리면서 대화를 마무리하였다. 그러면서 교수로서 아는 체를 해야 하는 나의 못된 습벽이 또 발로되어, 이번 여행이 여학생에게는 최소의 비용으로 최대의 효과를 얻었으므로 경제학 용어로 표현하면 경제적(Economic) 여행이고, 경영학 용어로 표현하면 투입에 비하여 얻은 소득이 컸으므로 생산적(Productive) 여행이고, 회계학 용어로 표현하면 앞으로 사회 생활에서의 의사 결정에 유용한 정보를 많이 얻었으므로 유용한(Useful) 여행이고, 문학적으로 표현하면 이성과의 동승이므로 로맨틱(?)한 여행이 아니냐고 하면서 궤변을 늘어놓았다.

그리고 이 여학생은 나에게, 오랜 직장 생활을 마치고 교수 신분으로 변신하여 학생들을 가르치면서 이번 여행같이 모교 졸업식에 참석하는 것이 얼마나 행복하냐고 하기에, 행복하기보다는 보람 있는 삶이 아니냐고 대답해 주면서 과연 나의 삶은 어떠했는지 다시금 되돌아보기도 했다.

그렇지만 분명한 것은 내가 교수 신분이 아니고 대 회사 사장이었다고 하면 이 여학생한테 이처럼 스스럼없이 접근하여 즐거운 시간을 가질 수 없었을 것이다. 그러기에 강릉의 밤하늘을 쳐다보면서 다시 한 번 늦게나마 교수라는 소리를 듣게 된 나의 인생행로를 반추해 본다.

이 같은 즐거움은 승용차가 아닌 버스 여행을 함으로써만 얻을 수 있는 재미일 것이다.

〈2000. 2. 22〉

울음바다

말복이 한참 지나고 처서가 며칠밖에 남지 않았는 데도 더위는 삼복 때보다 더 맹위를 떨치고 있다. 열대야 탓에 밤에도 창문을 열어놓지 않으면 잠을 이루지 못할 지경이다.

언론에서는 지구 온난화 현상으로 돌리며 환경 파괴를 그 원인으로 꼽고 있는 가운데, 지구 곳곳의 자연 재앙은 갈수록 피해가 커져서 과학의 힘으로는 막지 못할 형편이다. 하늘의 섭리를 따를 따름이다.

한편 이런 더위 속에서도 55주년 8 · 15광복절을 맞이하여 3일 전부터 오늘까지 사흘간 한반도는 7천만 겨레가 울음바다에 휩싸여 또 다른 열기를 내뿜고 있다.

남북 이산가족 각 100명씩 서울과 평양을 서로 오가며 가족 상봉 장면을 보며 눈물을 흘리지 않는 한민족은 한 사람도 없을 것이다. 방남단(방북단이란 용어는 귀에 익숙하지만 방남단이라고 쓰고 보니 생소하게 들림)의 일원으로 서울을 방문한 어느 북한 작가는 셰익스피어가 살아 있다고 하여도 이번 남북 이산가족 상봉의 감격을 글로 표현하지 못했을 것이라고 말할 정도로 그 진한 감동은 온 겨레의 가슴에 못처럼 박히고 있다.

이번 상봉 남북 가족 200명의 헤어짐과 만남의 사연도 그 가족 숫자만큼 각각 다르고, 가족 구성원들의 면면도 하나같이 달라서, 어떤 드라마도 이번 상봉처럼 드라마틱하진 못할 것이다.

남한의 90세 노모가 수십 년 동안 아들 만나게 해 달라고 불공드린 후에 북한 김일성대학 교수로 있는 70세 아들을 얼싸안고 우는 장면, 100세 된 남쪽 노모가 치매로 몽매에도 잊지 못한 북의 아들을 알아보지 못하여 역시 노인이 다된 아들이 몸부림치는 안타까운 장면을 보며 세상에 어느 누가 울지 않을 사람이 있을 수 있단 말인가!

이렇게 3일간 만나서 울고 웃다 꿈같이 지나가는 상봉이 아니라, 서신 왕래나 면회소 설치 등 항구적인 제도의 틀이 마련되어야 함을 모두 잘 알고 있으나, 이런 근본적인 문제는 오로지 북의 태도에 달려 있으니 안타까울 뿐이다.

방남단의 일원으로 서울에 온 북한의 계관시인 오영재 씨의 신문에 실린 사모곡을, 돌아가신 어머님을 떠올리며 옮겨 적어 본다.

곽앵순 엄마!

오 영 재

차라리 몰랐더라면
차라리 아들이 죽은 줄로 생각해 버리셨다면
속 고통 그리도 크시었으랴
통일이 되면 아들을 만나
불러보고 안아보고 만져보고 싶어
그날을 기다리다가 기다리다가 기다리다가
더는 못 기다리셨습니까, 어머니
그리워 눈물도 많이 흘리시면서
그리워 밤마다 뜬눈으로 새우시어서
꿈마다 대전에서 평양에서 오가시느라 몸에 지쳐서
그래서 더 일찍 가셨습니까,
아 이제는 이 세상에 계시지 않는 어머니 나의 엄마!
그래서 나는 더 서럽습니다. 곽앵순 엄마!

〈2000. 8. 18〉

미시간 기러기의 넓은 세상 이야기

지금은 고인이 된 한경섭 인형(仁兄)과의 인연은 40여 년 전 제기동에서 한솥밥을 먹던 하숙 동기생으로부터 시작된다.

한때 금융 기관에 근무하던 그를 내가 동부그룹으로 스카우트하였는데, 그는 동부건설 사우디아라비아 리야드 통합본부의 자금부장으로 재직하면서 능력을 인정받아, 그 후 동부제철, 동부하이텍의 재무총괄 부사장(CFO)으로 맹활약하던 중에 뜻하는 바가 있어, 현직을 뒤로하고 용약 미시간주립대학으로 유학길에 올랐다.

그는 방학을 틈타 북미지역 구석구석을 여행하면서 쓴 기행문을 K형이란 호칭을 붙여 나에게 보내 주었는데, 이후 폐암이 발병하여 암 투병 중일 때, 그 귀중한 기행문을 그의 생전에 책으로 발간하여야 되겠다고 내가 서둘러 주선하여 나온 책이 《미시간 기러기의 넓은 세상 이야기》이다.

독일에서 1년여 요양하고 난 다음엔 그의 귀국에 맞추어 몇 사람의 협조 하에 출판 기념회도 가졌으며, 그것이 그가 여러 사람 앞에 보인 마지막 모습이었으니, 고교 선후배 사이였음에도 어느 친구보다 더 가깝게 지냈던 나로서는 참으로 그의 죽음 앞에 망연자실하여 지금까지도 할 말을 잃고 있다.

이 책을 읽어 보면 몇 가지 특징을 찾을 수 있을 것이다.

무엇보다 그 넓은 대륙을 웬건 차로 몇 달씩 여행할 수 있는 그의 강한 체력과 굳은 의지에 놀라고, 과객으로 스쳐 지나가면서도 사물을 보는 그의 예리한 통찰력과 지적 호기심에 다시 한 번 놀랄 것이며, 마지막으로 이렇게 관찰한 사물을 천의무봉의 필체로 표현한 그의 문재(文才)에 새삼스러움을 느낄 것이다. 어쩌면 문인으로 나섰더라면 더욱 필명을 날릴 수 있었지 않았을까 생각되기도 한다.

책을 발간하면서 K형으로 그냥 있을 수 없어, 'K형의 소회'란 제목으로 발문(跋文)을 쓴 것을 여기 그대로 옮겨 본다.

〈2002. 5. 30〉

'K형의 소회'

삼 년 전 미시간으로부터 한 형의 기행문들이 나에게 날아오기 시작했다.

첫 번째 편지를 읽는 순간부터 나는 혼자 읽기에는 아깝다고 느껴 한 형을 잘 아는 주위 사람들에게 돌려가며 읽어 보길 권하였다. 한 주일에서 두 주일 걸러 우편으로 배달되는 장문의 글은 한 가지 주제에 대해 감정의 개입 없이 객관적 자료와 시각으로 기술되어 있었다. 몇 십 쪽에 이르는 장문의 글은 그 당시 비교적 시간적 여유가 많았던 나로서도 읽기에 벅찰 만큼 긴 글이었으나, 이 기행문들은 겉모습의 미국이 아니라 그 뒤안길의 역사, 지리, 문화에 대해 방대하고 깊은 기록을 담고 있어서 인문학에 관심 있는 사람들에게 널리 읽혀도 전혀 손색이 없을 것으로 생각했다. 그래서 이 글들을 잘 모아 두었다가 그가 귀국하면 출판을 해야겠다고 마음속에 벼르던 것인데, 마침내 이번에 책으로 묶여 나오게 되었다. 책의 본문에서 'K형'으로 호칭되어 있는 나로서는 소회가 적지 않다.

한경섭 인형과의 첫 인연은 사십 년 전 제기동 뒷골목 하숙집으로 거슬러 올라간다. 그 당시 고려대학교와 그 이웃한 대학에 다니던 우리는 대관령을 넘어 서울에 유학 온 고향 선후배들이었다. 그때의 우정은 세월의 결이 쌓일수록 더욱 깊어져서, 요즘도 이순(耳順)이 넘은 당시 하숙생들과 여든 살을 바라보는 하숙집 아주머니와는 가끔 만나 어려웠던 그 시절을 회상하곤 한다. 원래 한 형은 대학 시절부터 '걸어 다니는 사전'(Walking dictionary)이라는 별명이 붙을 만큼 동서고금의 온갖 지식에 형통하여 입을 열면 시간 가는 줄 모르게 대화를 이끄는 사람이었다. 수십 년 동안 많은 대화를 나누었음에도 직접 그의 글을 접할 기회가 없었던 나는, 이번에야 그의 문장에 대해서도 새삼 감탄하게 되었다. 글의 횟수가 거듭될수록 좋은 문장으로 이끌어 가는 해박한 내용은 나를 흠뻑 빠져들도록 하기에 부족함이 없다.

한 형의 글재주에 대해서는 그가 독일에서 요양 중 최근에 내게 보내 온 이메일에서 우리나라 수필 문학의 최고봉인 피천득 교수와 김태길 교수의 수필을 읽고 나서 두 사람을 비교한 독후감에서도 엿볼 수 있다. 김태길 교수가 우연히 한 형의 글을 접하고 나서 그의 예리함과 문장력을 높이 사서 수필 전문지에 한 형의 이 독후감을 추천하게 된 것도 그의 문재(文才)를 높이 산 결과일 것이다. 양인을 비교한 그의 글 중 서두 부분만을 여기에 인용해 보기로 한다.

"피천득의 《인연》과 김태길의 《초대》를 잇달아 읽었습니다. 실은 '인연'을 다 읽자마자 쉬지 않고 '초대'를 읽었더니만 김태길의 글은 매우 거칠다는 느낌을 받았습니다.

그러나 한 일주일쯤 지나고 나서 어쩐지 다시 손길이 간 것은 '초대'였고 이곳저곳 순서 없이 다시 읽어 보는 그의 글은 처음 읽을 때 느꼈던 거친 감을 전혀 찾을 수 없었습니다.

피천득의 글은 진주 같은 언어들이 꿰어진 구슬이고 김태길의 글은 그에 비하면 강변의 자갈같이 와글와글 소리도 내며 크고 작은 모양들이 다양하지만 흐르는 물에 씻기에 아주 잘 다듬어졌다고 비유해 보겠습니다."

한 형의 문재에 대해서는 독자들이 이 책의 구절구절에서 확인해 볼 수 있을 것이다. 고교 선배 중 미국에서 삼십 년 이상을 살고 있는 대학 교수 한 분은 한 형의 기행문을 읽고 나서, 미국에서 불과 두 해를 보낸 한 형이 자신보다도 미국의 구석구석에 대해 더 잘 알고 있다고 표현하고 있을 정도이다. 이 책을 읽고 있는 독자 중에는 미국을 가 본 분이 많겠지만, 한 형의 미국 문화사에 대한 예리한 통찰력과 문명 비평은 평소에 간과했던 많은 측면에 대한 색다른 시각을 제공하고 있음은 물론 중요한 인문학적 가치도 있을 것으로 생각한다.

한 통 한 통 배달된 편지를 읽을 때마다 감동을 받았던 이 글들이 어느덧 한 아름이 되어 막상 출판을 계획하자 고민이 많았다. 출판계와는 아무런 인연이 없던 내가 책을 내는 데 마음속으로 끙끙거리고 있을 때, 다행히 고려대의 황현산 교수께서 저자와의 대학 시절 특별한 인연으로 이 책의 출판을 주선하여 주셨다. 나로서는 크나큰 짐을 덜게 되어 나와 일면식도 없는 황 교수께 그 고마움을 어떻게 표현해야 할지 모르겠다.

한 형은 지금 북구의 한 도시에 정양 중에 있다. 두주불사의 대주가로서 그를 필적할 사람이 없었고, 평소에 강철 같은 건강을 자랑하던 그였기에 더욱 안타깝다. 부디 먼 이국땅의 아름다운 풍광 속에서 자연의 자양분을 듬뿍 받아 예전의 건강한 모습을 하루속히 되찾기를 기대해 마지않는다.

〈2001. 8. 25〉

오! 필승 코리아

" 대~한민국! 오! 필승 코리아~"

월드컵 붉은 악마들이 목 터져라 불러 대는 응원구호이다.

최근 며칠 사이에 우리 대표 팀에게 월드컵 역사상 기적 같은 일이 벌어졌다.

6월 초부터 한 달간 예정으로 벌어지고 있는 '2002 한·일 월드컵' 경기에서 대한민국은 네덜란드 출신 거스히딩크 감독 아래 예선에서 우리와 같은 D조에 속한 폴란드, 미국, 포르투갈과 싸워 2승 1무승부 성적으로 당당히 조 1위로 16강에 진출하였다.

48년 월드컵 역사상 단 1승도 올리지 못한 대한민국이 첫 게임에서 동구의 강호 폴란드를 맞아 2 대 0으로 낙승을 하여 전국을 열광의 도가니로 몰아넣은 여세로, FIFA 랭킹 12위인 미국과는 1 대 1로 아쉬운 무승부를 기록한 후, 지난 주말에는 세계 랭킹 5위인 이번 대회 강력한 우승 후보 포르투갈 전에서는 박지성 선수의 그림 같은 슛 한 방으로 승리하여 당당히 D조 1위로 16강에 올라간 것이다.

역대 1승도 하지 못한 우리가 무패로 16강에 진출한 것만도 사천칠백만 우리 국민을 열광시키기에 넘치는 성적이었음에도 불구하고, 3일 전 세계 랭킹 6위인 또 하나의 강력한 우승 후보인 이탈리아를 맞아 태극전사들이 다시 기적을 이루어 냈다.

16강전부터는 리그전이 아닌 토너먼트로 지면 바로 탈락하는 방식이다. 경기 초반 이탈리아에 한 점 실점한 후 경기 종료 시까지 대등한 경기를 펼쳤음에도 만회 골을 얻지 못하다가, 경기종료 2분 전에 고등학교 후배인 설기현의 동점 골로 연장전에 들어갔다. 연장전에서도 서로 득점 없어 이제 승부차기로 가나 보다라고 여기는 순간에 오늘의 히어로인 안정환 선수의 기막힌 헤딩슛으로 월드컵 3회 우승의 아주리 군단을 무릎 꿇게 했다.

그리고 마침내 오늘, 유럽 최강팀의 하나인 스페인과 8강전이 있었다.

연장전까지 가는 대 접전 끝에도 승패를 가르지 못하고 스코어는 0:0으로 끝나, 드디어 승부차기로 들어갔다. 우리 팀의 수문장인 이운재가 상대편 키커의 공을 쳐 낸 다음 옆을 보면서 씩 웃는 모습에서부터 일단 우리 팀은 유리한 위치에 서게 되었다.

마지막으로 홍명보가 찬 공이 좀 떴지만 그래도 골대 안으로 빨려 들어간 후 팔을 크게 휘저으며 뛰쳐나오는 장면을 보는 순간, 한반도의 4천 7백만 국민과 5백만 해외동포가 한 덩어리가 되어 이 신화 같은 기적에 정신을 잃어 버렸다. 마침내 승부차기에서 스페인을 5 대 3으로 이긴 우리 팀은 4강에서 전차군단인 독일과 맞붙게 되었는데, 흥분한 국민들은 독일과의 승패를 떠나 우리나라에서 열린 월드컵에서 우승이라도 한 듯 기쁨의 함성이 전국을 메아리치고 있다.

무엇보다도 이번 우리의 연속된 신화에는 12번째 선수인 '붉은 악마'들의 응원이 절대적인 힘이 되었다. 첫번째 시합지인 부산에서 일기 시작한 붉은 악마 붐이 대구 · 인천을 거쳐 16강전, 8강전 경기에서는 전국적으로 5백만 명에 이르렀고, 서울의 경우 시청 앞과 광화문 일대에만 50만 명의 악마들이 모였으며, 운동장, 강 둔치, 광장 등 대형 TV 화면이 설치된 곳이면 어디든지 수만, 수십만 군중이 모여 "대~한민국!", "오! 필승 코리아~"를 외쳐 댔다.

우리나라 5천 년 역사상 이처럼 5천만 국민이 한마음이 되어 열광하면서 미친 듯이 신명을 내본 적이 있었던가! 이번 월드컵의 연속 승리 때가 처음일 것 같다.

우리 민족은 신바람 DNA를 가진 민족으로서 흥이 나면 엄청난 일도 해 내는 국민성을 갖고 있다는 것이 이번 월드컵에서 입증되었다.

이번 월드컵 신화의 원동력은 물론 잘 뛰어 준 선수들이지만 무엇보다도 이들을 조련한 네덜란드 출신 히딩크 감독의 지도력이 절대적이다. 그는 일 년 반 전 감독으로 부임한 이래 펀더멘털인 기초 체력을 집중적으로 강화하였고, 선수 선발을 지연, 학연으로 얽힌 정실로 뽑지 않고, 선수들 간 자유 경쟁을 유도하였으며, 전술과 전략을 꾸준히 개발함으로써 이번 기적을 이루어 낸 것이다.

최근에는 경영학에서조차 '히딩크식 경영'의 지도력이 연구될 정도로 히딩크 신드롬이 전국을 뒤덮고 있으며, 그의 귀화까지 거론되고 있다. 한 사람의 지도자가 나라를 어떻게 바꾸는 지를, 그가 어느 정치 지도자 못지않게 극명하게 보여 준 사례가 아닐 수 없다.

〈2002. 6. 22〉

여기가 좋겠네

'여기가 좋겠네'

이는 어느 특정한 장소를 지칭하는 말이 아니고 식당 이름이다.

이름이 너무 좋다. 식당 이름만 좋은 것이 아니고 식당 위치도 좋은 곳에 자리를 잡고 있다. 진고개를 넘어 소금강 입구 다리를 좀 지나치면 연곡천을 끼고 이름만큼 좋은 식당이 눈에 띈다. 그 식당 이름이 바로 '여기가 좋겠네'이다.

진고개를 넘어서 연곡해수욕장까지의 수 십리 길은 아마도 우리나라에서 가장 아름다운 드라이브 코스일 것이다. 태백 준령을 넘어서 7번 국도에 이르는 이 길은 겨우 몇 년 전에 포장이 끝나, 대관령의 혼잡을 피하기 위해 설악산을 찾는 관광객이 즐겨 이용하는 지름길이다.

오른쪽으로는 소금강에서 발원한 연곡천이 그 맑음을 자랑하며 동해로 흐르고, 왼쪽으로는 새로 지은 전원 주택과 서양풍의 식당들이 전통 한옥과 조화를 이루는 마을이 연이어 있고, 그 마을 뒷산과 들판에는 영동 지방에서 잘 자라는 붉은 소나무들이 그 고운 자태를 뽐내며 빼곡히 들어차 있어, 사계절 어느 철을 지나도 하늘은 푸르고 공기는 맑아 여행객들의 마음을 들뜨게 하는 길이다.

연곡은 내가 강릉에서 고등학교에 다닐 때 소풍을 와서 첫 인연을 맺은 다음 한 20여 년이 지난 후, 가까이 지내던 고교 친구 몇 명이 가족들과 함께 이곳에서 천렵을 하며 텐트 속에서 하루를 지낸 연고로 우리 모임의 이름을 연곡의 첫 자를 따서 '연지회' 라고 이름 짓기까지 했던 곳이다.

그때 캠핑을 하며 즐거워했던 초등학생 때의 우리 아이들이 자라 아들딸 낳고 지내는 걸 보면서 세월의 빠른 흐름을 새삼 느끼게 되는 요즈음이다.

그 이후에도 영동 지방을 자동차로 여행할 기회가 있으면 우정이 길을 지나면서 고향의 정취를 만끽하는 마음의 고향길이기도 하다. 그러다 보니 각기 특징이 있는 사계절을 다 경험하며 이 길을 지나쳤지만, 그중에서도 압권은 뭐니 뭐니 해도 단풍이 곱게 물든 가을철의 여행으로, 기억에서 오래오래 사라지지 않는다.

금년 추석은 예년과 비교해 2~3주 빨라, 단풍 구경을 할 수 없었던 것이 못내 아쉽다.

연휴가 시작되면서 내려가는 첫날은 용평에서 하루 휴식을 취하기로 했다. 그 다음 날은 연곡 소금강을 가볍게 등산한 후 꿈의 드라이브 길을 달려 경포대를 거쳐서, 수혜 이종사촌이 운영하는 사천 바닷가 카페에서 차 한 잔을 하며 하루를 즐겼다. 그 카페의 이름은 '바다가 그리워질 때' 이다. 참으로 낭만적인 이름이다.

이번 연휴를 틈타 얼마 전에 사서 남겨 두었던 수필집 한 권을 아껴 아껴 읽고 있다.

김태길 교수가 최근에 쓴 《초대》란 수필집이다. 김 교수는 원래 서울대 철학 교수 출신이지만, 일찍부터 수필에도 필명을 날렸으며, '초대'는 김 교수의 나이 80세에 이르러 그 사이 50여 년 써 온 수필 중에서도 수작만 골라 재편성하여 이번에 출판한 것이다.

입속으로는 씹고 또 씹으면서 수필의 참맛을 마음속 깊이 맛보고 있다.

한 편 한 편이 모두 주옥같아서 '수필이란 이런 것이구나!'라고 저절로 느끼게 되는 그러한 글들이다. 이러한 좋은 글들을 읽을 때마다 이런 글들이 노력해서 이루어지는지, 타고난 문재가 있어야 하는지 언제나 궁금하였었는데, 저자가 책 후미에 좋은 수필이란 무엇인지에 대하여 저자 나름대로 정리한 것이 있기에 여기에 옮겨 적어 본다.

"좋은 수필이 되기 위해서는 그 글이 독자에게 미적 감동(美的感動)을 일으킬 수 있어야 한다.

미적 감동을 일으키는 힘은 글 속에 담긴 내용, 즉 글 속에 나타난 대상의 아름다움에서 올 수도 있고, 그 대상을 묘사한 문장의 아름다움에서 올 수도 있으며, 그 두 가지의 상승작용에서 올 수도 있다. 글 속에 그려진 아름다운 대상으로서는 인간을 대상으로 할 수도 있고 인간 밖의 자연을 생각할 수도 있다.

결국, 좋은 수필이란 문학성과 철학성을 지니고 있어야 한다.

수필의 문학성은 주로 글의 구성과 문장 등 그 외형과 직결되고, 그 철학성은 주로 글 속에 나타난 사상과 인품 등 수필의 내용과 직결된다고 말할 수 있을 것이다. 문학성이든 철학성이든 너무 그것을 의식하고 대작을 노리는 것은 실패를 자초하는 어리석음이다. 특히 자신의 인품 또는 마음의 세계가 높은 경지에 이른 것처럼 미화해서 자화상을 그리는 어리석음을 경계해야 한다.

좋은 수필을 쓰는 가장 쉬운 길은 자신의 모습을 있는 그대로 진솔하게 드러냄에 있다. 야구의 지도자는 타자에게 충고하기를 홈런을 의식하고 어깨에 힘을 주지 말라고 거듭 당부한다. 그저 맞춘다는 기분으로 자신에게 어울리는 방망이질을 할 때 안타도 나오고 홈런도 나온다고 그들은 누누이 강조한다. 수필의 경우도 근본은 마찬가지가 아닐까 한다.

좋은 글을 쓰기 위해서는 상당한 준비 과정을 거쳐야 한다. 마음의 밭을 갈며 성실하게 사는 것도 그 준비의 하나가 될 것이고, 사물과 사람을 대할 때 그 깊은 곳을 뚫어보는 관찰의 습관도 준비의 하나가 될 것이며, 좋은 책이나 좋은 작품을 음미해 가며 읽는 것도 준비의 하나가 될 것이다."

며칠 전 김태길 교수의 《초대》 출판을 계기로 하여 서울대문리대에서 오랫동안 함께 몸담았던 김 교수와 금아(琴兒) 피천득 교수, 두 원로 분이 대담한 글이 중앙 일간지에 실린 것을 읽었다. 아흔을 넘긴 피천득 교수는 어느 글에서 그가 표현한 바와 같이 뒷골목 다니듯, 젖은 짚단 태우듯 한 삶을 살아오고 있는 그 모습 그대로, 인간이란 원래 다른 사람들한테 잊혀지는 것(forgotten) 을 두려워하는 데 사람이란 나이가 들수록 잊혀지는 걸 두려워하지 말라는 이야기가 그 기사 속에 있어서, 최근 몇 년간 그처럼 바빴던 일상에서 일탈하여 예전과 다른 삶을 경험해 본 나로서는 그 이야기가 조금은 실감 나게 마음에 와 닿았다.

그러나 김태길 교수는 이 수필집에서 외로움을 초월하고 외로움조차도 느끼지 않는 초연한 삶은 이미 인간으로서의 삶이 아니라고 설파하고 있다. 물론 피천득 교수의 잊혀짐(forgotten) 과 김태길 교수의 외로움과는 뉘앙스 면에서 다소 차이가 있긴 하지만…

우리가 태어난 그곳의 '바다가 그리워질 때', 대관령의 동생뻘되는 태백 준령 진고개를 넘어 '여기가 좋겠네' 에서 식사하고, '초대' 같은 맑은 글 한 편 읽어보는 이러한 여행이야말로 잊혀짐과 외로움을 달래 보는 지름길일 것이다.

〈2003. 4. 19〉

이 세상에서 잠자는 게 제일 싫어요

새해가 시작되면 누구나 그 해 할 일의 계획을 세운다.

그것이 회사 일에 해당되면 그 해 사업 계획이라 일컫는데, 나의 개인적인 금년 사업 계획은 여름 휴가를 틈타 미국을 방문하여 외손주들인 주호, 준호 형제를 만나는 것을 제일 큰 사업 계획으로 세웠다.

나는 마침내 광복절을 전후하여 한 일주일 정도 여름 휴가를 내어 학수고대하던 계획을 실천하게 되었다.

딸 수혜의 병치레 때문에 아이들을 돌봐 주기 위하여 아내가 3개월 전 미국에 와서 머물러 있는 사이, 혼자서 며느리 신세를 져 가면서 지낸 홀아비 생활을 마치고, 모처럼 십여 년 만에 뉴욕 땅을 다시 밟게 되었다.

공항에 마중 나온 주호를 만날 때까지 입국 수속과 짐 찾는 데 걸린 시간이 그렇게 길고 초조하게 느껴지기도 아마 내 평생에 다시없을 것이다.

올해 여섯 살이 되었고, 십 개월 만에 다시 보는 주호는 머리가 커지고, 유치원에서 수영을 배우느라 온몸이 새까맣게 타 버린 것 외에는 떠날 때 그 모습 그대로 할애비를 맞았다.

두 돌이 막 지난 준호는 아직 우리말을 하기 전에 유아원에 들어가 영어를 쓰기 시작하면서 머릿속이 영어와 우리말이 뒤섞여

두 가지 말 모두 겨우 몇 마디씩밖에 못하고 있다.

그렇지만 조금만 더 지나면 아마도 준호가 식구 중 영어를 제일 잘 하리라는 것이 교포 사회 선험자들의 한결같은 이야기이다.

휴가 첫날은 식구들 모두 펜실바니아주 포코코시에 소재한 우리나라의 에버랜드와 유사한 물놀이 유희 시설에 가서 하루를 보냈다.

작년 여름, 주호가 미국 떠나기 전에 단둘이 에버랜드 파도 풀장에 가서 파도타기와 튜브에 올라 물길 따라 원을 한 바퀴 돌기도 하면서 마음껏 하루를 즐긴 것을 서로 회상하면서, 할아버지도 손주와 똑같이 동심으로 돌아가 하루 즐거움을 만끽하면서도 주호가 커서 이러한 추억을 되살릴 수 있을까 하고 한 번 생각을 해 보았다.

다음 날은 할미, 할애비 손잡고 뉴욕 시내 일일 관광에 나섰다. 세계 최고인 엠파이어스테이트 빌딩에 올라가는데, 세계 최고의 선진국답지 않게 폭주하는 관광객들 때문에 근 두 시간 정도 냉방 장치도 안 되어 있는 복도에서 고생하고 있는데, 주호가 'EXIT'라는 영문 표시가 나오자 비상구라는 뜻은 알고 있는 것 같은데 발음을 몰라 묻기에 '엑시트' 라고 가르쳐 주자, 찜통 속에서 기다림에 지쳐 EXIT 표시가 나올 때마다 “엑시트!” 하자고 졸라 그걸 달래느라 기다림에 지친 어른들 고생이 막심했다.

이렇게 금쪽 같은 하루하루를 보내는 사이 잠잘 때에는 주호를 품 안에 안고, 분당 집에서 늘 불러주면 금방 잠들던 옛날 노래들인 클레멘타인, 섬집 아기, 반달 등을 불러 주어도 쉽게 잠이 들지 않으면서 하는 말이 자기는 하루 중 잠잘 때가 제일 싫다고 했다.

왜냐고 물을라 치면, 자기가 잠들면 할아버지가 잠든 자기를 제 방 침대로 옮겨서 결국 할아버지와 함께 잠을 자지 못하기 때문이라고 하면서, 한참 지날 때까지 잠잘 생각을 하지 않는 아이 모습을 보는 내 마음을 나도 어떻게 표현해야 할지 모르겠다.

내가 시차 관계로 잠자는데 어려움을 겪고 있는데다가, 주호가 옆구리에서 몸을 파고들면 그 만큼 자는 데 더욱 힘들 것 같아, 매일 밤 제 방으로 옮겨 놓는 것이 저한테는 그처럼 싫었던 모양이다. 아침에 눈을 뜨자마자 우리 방으로 한달음에 달려와 할애비 품에 안기는 주호를 보는 그 순간보다 더 기쁜 순간이 또 있을까 하는 요즈음이다.

이 아이들이 언제까지 할애비 생각을 이렇게 하겠는가, 어서 냉수 먹고 속 차려야지 하는 이성이 마음속에 맴돌기도 하나, 아직은 아이들이 어리니 이들이 더 크기 전에 실컷 귀여워해 주어야지 하는 것이 속절없는 할애비, 할미의 단순한 생각들이다.

미국을 떠나는 마지막 날은 한 장로 부부와 함께 우리 가족 모두 웨스트포인트 미 육군사관학교 견학을 갔다. 10시에 퍼레이드가 있다는 사전 정보에 맞추어 허드슨 강변 연병장에 가까스로 도착하는 순간, 학교 건물 각 복도 출입구로부터 사관생도들이 밴드 지휘에 따라 연병장으로 쏟아져 나와 모이는 장관은 영화에서 간혹 보는 장면과는 달리 우리 마음을 들뜨게 하기에 충분했다.

눈대중으로 한 학년에 생도 수가 대충 천 명 정도가 되어 전체 학생 약 4천 명이 운동장에 꽉 차게 도열하여 사열과 분열식을 하는 모습을 직접 본 우리는 행운 중의 행운을 맛본 기분이었다.

주호랑 정문 근처 육사박물관 구경을 마치고 돌아오는 길에 뉴욕 주립 〈곰 공원〉에서 피크닉 온 것 같은 중식을 끝으로 올해 나의 사업 계획을 마무리 했다.

한밤중 한국행 비행기에 탑승하고 나서야, 드디어 일주일여의 꿈결에서 깨어나 겨우 현세로 돌아왔다.

〈2003. 8. 16〉

피요르드랜드 기행

여행이란 한편으로 고달프면서도 즐겁다.

특히 해외 여행을 해 보면 시차에 따른 생체 리듬이 맞지 않아 첫날부터 피곤해진다. 그렇지만 여행은 일상으로부터의 일탈로서 삶을 윤택하게 해 주고, 심신을 맑게 해 주는 청량제와도 같다. 하루 이틀 지나면서 그 지방, 그 나라의 풍물을 접하고 역사와 문화를 배우는 즐거움은 고달픔을 밀어내기에 충분하다. 새해 들어 아내와 함께 아직 가보지 못한 뉴질랜드와 호주 여행길에 올랐다. 먼저 지구상 유일하게 남아 있는 청정지역인 뉴질랜드 남섬부터 돌기로 했다.

피요르드랜드는 뉴질랜드 남섬의 남 알프스 산맥 중심부에 위치한 유네스코 자연 유산에 올라 있는 이 나라 최대의 국립 공원이다. 전날, 남섬이 자랑하는 마운트 쿡의 만년설과 타스만 호수의 빙산을 보고서도, 캐나다의 록키산맥 만년설을 관광한 나로서는 남들이 탄성을 부르며 사진 찍기에 바빠도 별다른 감흥을 느끼지 못하고 무덤덤하게 보내고 난 후 오늘의 일이다.

남섬 남부 중앙에 위치하고 아름다운 호수와 '끝내 준다'는 의미의 '리마커블스'산으로 둘러싸인 관광 휴양 도시 퀸스타운을 떠나자, 이곳의 여름비가 질척질척 차창을 때리고 있었다. 한참 더 달려 밀포드사운드의 무한대의 원시 밀림 지대를 지나고 나자 피요르드랜드 입구에서부터 신천지가 눈앞에 펼쳐졌다.

수백만 년 세월이 지나면서 빙하가 산으로 변한 산꼭대기 호수에서부터 깎아지른 바위산을 타고 설악산의 비선폭포보다 큰 폭포들이 수없이 아래로 꽂혀 내렸다.

이를 보는 순간 가슴이 멎는 듯, 감정을 주체할 수 없어 백인 운전기사에게 천천히 달려가자고 부탁했으나, 이것은 아무것도 아니고 호머 터널을 지나면 정말 장관이 나온다고 하면서 속력을 줄이지 않았다.

과연 외길 터널을 지나자 높이가 수천 미터 되며, 병정처럼 도열한 깎아지른 양쪽 산으로부터 쏟아져 내리는 수백 개의 폭포들은 지상에 이런 선경도 있나 싶게 할 정도로 감동이 벅차올랐다.

차내에는 노련한 교포 가이드가 오늘의 날씨에 맞추어 슈베르트의 아베마리아를 볼륨을 높여 틀어 주어 분위기를 한껏 고조시켜 주고 있다. 이 선경을 지나 피요르드 해협의 선착장에서 각 나라 관광객들과 뒤섞여 배를 타고 바라보는 보웬폭포, 스털링폭포 등 수를 헤아릴 수 없이 많은 폭포들은 갈수록 절경을 더해 준다.

금강산, 장가계, 그랜드 캐년, 보스포러스 해협 등 수 많은 해외 경승지를 보아 왔어도 오늘의 이 절경과는 견줄 수 없다. 아마도 남미의 이과수 폭포만이 이 승경보다 낫지 않을까 상상했다. 이러한 황홀경을 바라보며 불현듯 영원과 신의 섭리에 외경감마저 느껴졌다.

해협 선착장에서 약 20킬로미터 길이로 바다 폭이 강처럼 좁게 나 있는 피요르드는 원래 빙하에서 떨어져 나간 빙산이 큰 바다로 흘러나오면서 양쪽 절벽을 깎아 내린 협곡으로 이곳에 바닷물이 채워진 것이다. 세계에서 제일 큰 피요르드는 이곳 남섬에 있고 노르웨이 등에도 있다.

한편 리아스식 해안은 빙산에 의한 것이 아니고, 파도와 풍우에 깎여 절벽이 생기고 들쑥날쑥하게 형성된 해안으로서 스칸디나비아 반도와 우리나라 남해안 등이 그에 해당하는 것이라는 가이드의 해설은 우리들이 초·중학교 지리 시간에 배웠던 지식이다.

피요르드랜드 협곡과 폭포 관광은 이번 여행의 백미로서 북섬과 호주의 시드니 관광은 해 보기도 전에 별로일 것 같은 예감이 들었다.

박학다식하기가 이때까지 겪었던 어느 가이드보다도 월등한 임 부장의 설명에 따르면, 이 나라와 이웃 호주와는 생각과는 달리 국민 감정이 아주 좋지 않다고 했다. 호주는 잉글랜드 정부에서 흉악범을 보내어 개척한 나라로서 현지민을 거의 전멸시킨 죄수의 후예 나라라는 것쯤은 익히 알고 있는 역사 지식이다.

그렇지만 이곳 뉴질랜드는 산업 혁명 이후 대량으로 쏟아져 나오는 실직자들 중 스코트랜드인과 아일랜드인을 골라서 영국 정부에서 의도적으로 보내서 개척하였고, 현지민인 마오리족과도 일부 전쟁은 있었으나, 지금까지도 큰 사회 문제없이 공존하고 있다는 것이다.

따라서 영국 내에서 나쁜 지역 감정이 이곳의 두 나라에 그대로 전해 내려와서 럭비 같은 인기스포츠 경기 때의 열기는 꼭 한·일 양국 축구 전쟁에 비견된다고 했다. 여행 중 짬짬이 가이드한테 물어 보아 두 나라의 건국 뿌리에 대해 간단한 토막 역사 지식을 알게 된 것도 소득이라면 소득이었다.

여행이란 아는 것만큼 보인다고 했다. 젊은 시절 해외 여행할 때에는 그 나라의 지리, 역사. 문화 등 다양하게 견문하여 정성껏 쓴 기행문을 남겼다. 그러나 근년에 들어 해외 여행이 우리 국민들 사이에 일상화되면서 기행문이 기록으로서의 의미가 퇴색하여, 그러한 글마저도 쓰지 않게 된다. 또 한편 남의 말에 귀가 순해진다는 이순(耳順)이 지나면서부터는 귀뿐만 아니라 마음마저 순해져서 아무리 좋은 경관을 보아도 별로 감흥이 솟지 않는다. 감흥이 없어진다는 것은 삶이 메말라지고, 살아 있음의 의미가 엷어져 간다고 볼 수도 있다. 자연히 글쓰기도 소홀해질 수밖에 없다.

비근한 예로 작년 동로마 제국의 수도였던 천오백 년 고도 이

스탄불을 방문했을 때도 모든 것이 덤덤하여 글 한 줄 남기지 못했다. 특히 터키 여행 때는 그리스. 터키의 신화에 대한 지식이 거의 무지에 가까워, 신화에 얽힌 그곳 문화를 도저히 이해할 수가 없었던 것이다.

이번 여행은 문화 기행이 아니고 자연 관광이지만 지구상 최고 경승지를 보고 난 다음 무언가 기록으로 남기고 싶은 마음을 주체할 수 없어 모처럼 기행문을 써 보았다. 그렇지만 앞으로 나이가 들어갈수록 촌로들처럼 경관만 쫓아다니기보다는, 그 나라의 문화. 역사를 체험하고 기록하는 더욱 품격 있는 여행이 되도록 노력해 보아야겠다. 천하 절경을 보고 나서 새삼스럽게 철이 드는 느낌이다.

〈2004. 1. 7〉

50년 만의 귀향
–북평초교 졸업 50주년을 기념하며

동창 여러분!

엊그제 '어린이 날'을 갓 지냈습니다.

'날아라 새들아 푸른 하늘을, 달려라 냇물아 푸른 들판을…'

50년 전 이 어린이 날 노래를 부르면서 뒷들 북평 넓은 들판을 달리던 그 때의 동심으로 돌아가고파, 우리 모두 중늙은이가 다 되어 오늘 이렇게 다시 모였습니다.

5월은 동심과 효심으로 어우러진 가정의 달로서 세상사 이치를 진하게 느껴 볼 수 있는 좋은 계절이기도 합니다.

돌이켜 보면 우리가 다니던 초등학교 시절은 가난에 찌들고 전쟁 참화에 찢겨 버린 참으로 어려웠던 시절이었습니다.

구 장터와 신 장터의 장거리를 벗어난 동네인 배골, 구릉골, 지상, 봉정, 대구밭, 구랄 동네에 살던 우리는 학교를 파하면 지게를 지고 산에 가 나무를 해 오고, 휴일에는 달방 버덩에 가서 쑥을 캐 오던 기억들이 엊그제 일 마냥 주마등처럼 떠오릅니다.

아무리 어려웠던 세월도 흘러가는 법, 세월은 흘러 흘러 우리 동창 중 한 반은 객지를 떠돌고, 한 반은 고향을 지키며 오늘을 살고 있습니다.

타향살이 하는 우리도 고향의 부모들 다 저 세상으로 먼저 보내고, 고향에 남아 있는 사람들이라야 우리 초등학교 동창들인 죽마고우들 뿐입니다. 이들 벗들마저 없다면 우리들은 고향을 잃어버린 미아나 다름없습니다.

그대들이 있으므로 우리가 존재합니다. 그대들이 우리 마음의 안식처입니다. 벗이란 이렇게 좋은 것입니다. 나이가 들수록 정이 새록새록 두터워지는 것이 어렸을 적 벗들의 정입니다.

우리들 34회 졸업생은 남학생이 84명, 여학생이 그 절반인 42명으로, 3년 전쟁이 끝난 그 다음 해 학교를 졸업하였으나, 세월이 전천 강물처럼 흘러감에 따라 졸업생 중 약 4분의 1이 벌써 우리 곁을 떠나갔습니다.

고향을 지킨 사람들은 그들대로, 떠난 사람들은 또 그들대로 가혹한 환경을 이겨 가면서 농사 짓는 사람, 장사하는 사람, 직장인, 공무원, 모교 교장, 언론사 경영인, 축구 국가대표팀 감독, 대학 교수, 중소기업 사장 등으로 일가를 이루어 지역과 사회에 이바지 하고 있으며, 상당 인원은 지금쯤 그 모든 것에서 벗어나 한가롭게 여생을 보내고 있을 것입니다.

여자 졸업생들 또한 그들 나름대로 남편과 자식들을 통하여 스스로의 존재를 인식하고, 보람 있는 삶을 살아 왔고 또 앞으로도 살아 갈 것입니다.

따라서 우리들 34회 졸업생들이 살아 온 궤적은 비록 다르더라도 초등학교 동기 동창생들이란 동질성에는 변함이 없고, 나름대로 국가 사회 발전에 기여함에 있어 다른 어느 학교 어느 기수에 비해서도 손색이 없다고 자부하여도 좋을 듯싶습니다.

우리 모교 북평초등학교는 기미년 3·1 운동이 일어나기 한 해 전인 1918년 개교하여, 금년이 개교 86주년이 되는 의미 있는 해입니다.

우리들이 6·25 동란 중에 다녔던 재학 시절, 하늘 같은 존재이셨던 김정경, 고덕성, 홍순창 같은 교장 선생님들도 이제는 모두 고인이 되시고, 우리 후배들이 그분들의 뒤를 잇고 있습니다.

우리 모두 앞으로 여생을 살아가는 데 있어서 지나친 욕심을 부리지 말고, 마음을 항상 젊게 갖도록 노력하며, 가난한 이웃들에게 사랑을 베푸는 생활 자세를 지니도록 하여, 우리의 제2의 삶을 더욱 보람 있게 합시다.

그리하여 앞으로 14년 후 모교 개교 100주년 기념일에는 우리 동기생들이 더 이상 유명을 달리하지 말고, 오늘 모인 우리 모두가 그날 다시 모여 오늘의 이 모임을 회고담으로 이야기 할 수 있도록 스스로의 건강 관리를 잘 해야 할 것입니다.

오랜 타관살이로 마음이 텅 비어 고향을 찾아온 동창들을 따뜻이 맞아 주는 고향 벗들에게 다시 한 번 고마움을 전합니다.

〈북평초등학교 재경 34회 동창회 회장〉

〈2004. 5. 8〉

할 수 있는 한

청량한 가을의 정취가 나날이 짙어지는 결실의 계절, 독서의 계절, 사색의 계절이 다가왔다.

신임 교수로 부임한 이래, 우리 홍대생들이 사회에 진출함에 있어 조금이라도 도움이 되는 방법이 없을까 하고 혼자 생각하고 있던 차에, 홍대신문사 편집장 학생으로부터 원고 청탁을 받고 오랫동안 대그룹에서 전문 경영인으로서의 경험을 살려 몇 자 적어 본다.

무엇보다 사회가 아무리 암울하고 향후 진로가 불투명하다 하더라도 대학 생활 4년은 긴 인생에서 볼 때 가장 황금기로서, 이 학창 생활을 어떻게 적극적으로 보람 있게 보내느냐가 절대적으로 중요하다.

학생 본연의 할 일인 전공 공부 외에도 폭넓은 교양 서적 읽기, 국내외 여행, 사회 봉사 활동, 좋은 친구들 사귀기 등 이 모든 것이 우리 대학생들만의 특권이며 동시에 대학 생활 하는 동안에 몰두해야 할 일들이다. 대학생들만이 누릴 수 있는 특권에 대해 친구들과 토론하고 고민하는 중에서도 졸업 후 사회 진출의 어려움에 대한 냉엄한 현실도 함께 인식해야 할 것이다.

기업의 생산성 향상과 저성장 경제하에서 졸업 후 좁은 취업의 문제는 우리 홍대생들만의 것이 아니고, 또한 가까운 시일 내에 해결될 성질의 것도 아님이 우리를 더욱 우울하게 하고 있다.

따라서 저학년, 고학년을 막론하고 사회 진출 목표로서 대기업, 공무원 같은 자리만 집착하지 말고 현실적으로 눈을 돌려 인력이 부족한 중소기업이라든가 동남아 등 해외 진출도 노려볼 필요가 있을 것이다.

실제로 내 강의를 듣는 4학년 회계학과 학생들을 상대로 한 졸업 후의 진로를 써 보라는 과제물에서 필리핀, 인도네시아, 아랍 등에 장기 체류하면서 그곳에서의 정착을 구체적으로 계획하고 있는 학생들이 몇 명 있다는 사실에 나로서는 상당히 고무적인 인상을 받았다.

또한, 전공과 관련 없이 사이비 단체에서 주관하는 각종 자격증은 실제 취업에 도움이 안 되고 진로를 더욱 혼란스럽게 할 소지도 있으므로, 자기 전공과 관련된 국가 공인 자격증에 도전함이 옳은 방향일 것이다.

회계학 교수가 아닌 사회 선험자의 입장에서 또 하나 권하고 싶은 것은, 향후 사회에 진출하여 기업에 몸담을 때나 작은 자영업을 할 때라도 기업 경영에 절대 필요한 손익 개념을 가르쳐 주는 회계학 공부를 하라는 것이다.

기업다운 기업에서는 간부 승진 시험 시, 직종의 구분 없이 회계학은 영어와 함께 필수 과목으로 치르는 것은 주지의 사실이다. 기업의 언어인 회계학을 모르고서 유능한 간부가 될 수 없다.

또한, 근래에는 CEO를 비롯한 중역의 절대 다수가 공대 출신 엔지니어임을 감안하면 회계학의 필요성은 더 많은 사례를 들지 않아도 될 것이다. 따라서 우리 대학에서도 타 우수 대학에서와 같이 공대, 과기대 내 각 학과의 모든 학생들에게 회계학을 필두로 한 경영· 경제 과목을 기본 과목으로 가르칠 것을 학교 당국에 제안해 본다.

마지막으로 현실에 위축되어 꿈과 희망을 버리지 말 것을 당부하고 싶다. 이러한 꿈은 막연히 머릿속에 그리거나 고민만 할 것이 아니라, 실제로 글을 써 보면서 다짐을 하는 것이 중요하다. 최근 베스트셀러의 하나로 미국인과 일본인이 각각 쓴 《종이 위의 기적, 쓰면 이루어진다》와 《꿈을 적는 팬시노트》란 책이 있다. 마음을 담아 써 내려간 글자 하나하나는 운명을 바꿀 변화를 가져온다는 내용이다.

내 수업 중에는 학생들에게 꿈, 희망, 미래란 화두를 많이 들려 주고 있으나, 그때 반드시 뒤따르는 것은 그러한 꿈은 그냥 저절로 이루어지는 것이 아니라 피나는 노력과 최선을 다할 때만이 이루어진다고 일러 주는 것이다.

'꿈은 이루어진다.' 그렇지만 최선을 다할 때만이 더 확실히 이루어진다.

미국 기독교 감리교파 창시자인 존 웨슬리의 좌우명을 인용하면서 글을 마친다.

할 수 있는 한

할 수 있는 한 최선을 다하라.
당신이 할 수 있는 모든 수단과
낭신이 할 수 있는 모든 방법으로
당신이 할 수 있는 모든 장소에서
당신이 할 수 있는 모든 시간에
당신이 할 수 있는 모든 사람들에게
당신이 할 수 있는 한 오래오래.

〈2004. 10. 8. 홍대신문 기고문〉

첫 학기를 마치며

〈교수 되다〉

오늘 4학년 과목을 마지막으로 이번 2학기 수업도 모두 종강하였다.

9월 초 티셔츠를 입고서도 땀을 뻘뻘 흘리면서 강의를 시작한 이래 12월에 접어든 오늘, 두꺼운 겨울 옷을 입고서 늦은 시간 교수 연구실에 앉아 별세계만 같았던 지나온 몇 개월을 되돌아본다.

나도 이제 겸임 교수가 아닌 어엿한 대학교 정교수가 되었다. 전혀 생각지도 않았던 일이 현실로 내 앞에 나타난 것이다. 지난 초여름 홍대 채 대학원장한테서 느닷없이 전화를 받았다. 조치원 캠퍼스 회계학과에 전임 교수로 부임할 의사가 없느냐는 내용이었다.

외국에서 박사 학위 받은 회계학 전공 교수들은 조치원 캠퍼스에 부임하면 금방 서울 및 수도권 대학으로 자리를 옮겨, 차선책으로 국내 학위자 중 회계사 자격증 소지자로서 우수 대학 학부 졸업자를 물색하다 보니 환갑, 진갑 다 지난 나한테까지 차례가 온 것이다.

이 교수직 제의야말로 언감생심 마음속으로나마 기대도 해 보지 않은 것이었으나, 문제는 그룹 오너로부터 어떻게 큰 무리 없이 내락을 받아 그룹을 조용히 떠나느냐 하는 것이었다. 한 달여 고민 끝에 아이디어를 낸 것이 10여 년 전, 회장 모시고 하버드대학 구경 갔을 때 써 놓은 일기를 읽어 주는 것이었다. 그룹 임원 여럿이 정문을 들어설 때 회장께서 이도리 출신들이 일찍이 개화하였더라면 제일 먼저 내가 이 대학에 유학을 왔을 것이라고 지나가는 말처럼 하는 이야기를 듣는 순간 내 몸에 전류가 흐르는 느낌을 받은 내용인데, 그 일기를 복사하여 읽어 주면서 회장의 내락을 간청하였다.

이 나이에 받은 대학교 정교수 제의를 회장인들 어찌할 수 없는 노릇으로 어렵사리 내락을 받아 면접을 거쳐 강의를 맡게 된 것이다.

〈꿈은 이루어진다〉

대학 교수직은 나와는 운명 같은 존재로 느껴진다. 교수 임용 서류 용도로 고등학교 생활 기록부를 발급받아 읽어 보니, 각 학년 담임 선생님이 모두 나의 장래 적성 직업란에 교육자로 적어 놓았다.

뒤늦게 학문에 목이 말라 50대 초반에 박사 과정에 응시하여 면접시험 볼 때, 지도 교수인 박 교수가 왜 늦은 나이에 박사 과정을 밟으려고 하느냐고 묻길래, 고향인 강릉에는 대학이 몇 개 있는데 언젠가 은퇴 후에는 낙향하여 대학에서 후학들을 가르치고 싶다는 꿈 같은 희망이 있어 응시하게 되었노라고 답한 것도 지금까지 또렷하게 기억하고 있다.

그 사이 써 온 일기장에도 여러 곳에 교수직에 대한 염원을 적어 놓고 있고, 실제로도 그룹을 떠나 있었던 몇 년 사이에는 겸임 교수 신분으로 홍대 외에 전문대학에서도 즐겁고 가벼운 마음으로 강의한 전력도 있었다. 이와 같은 평소의 꿈과 염원이 하늘에 닿아 하느님께서 이 자리를 역사해 주신 것이라고 믿기에 이르렀다.

또한, 돌아가신 아버지, 어머니께서도 내 마음속을 들여다보시고, 그처럼 하고 싶어 하는 교육자의 길을 마지막으로 하고 인생을 마무리하도록 점지해 주신 것으로 믿는 마음이 생기기도 하였다. 지난 벌초 때에는 옛 선비들처럼 교수 임명장과 명함을 비에 젖지 않도록 우산을 받쳐 상석에 올려놓고 아버지, 어머니 영전에 교수 임용 사실을 고하면서 부모님 은공을 기리기도 하였다.

회사를 떠나올 때 평소 나를 따르던 직원 하나는 교수라는 명예스러운 명함을 길이 담아 두라고 하면서 값나가는 함을 선물로 주기도 하였다. 다른 여러 임직원들로부터도 크고 작은 선물들이 있었지만, 명함 관련 선물이 가장 가슴에 와 닿았다. 많은 주변 사람들이 교수직으로의 인생 전환에 대해 선망과 함께 축하해 마지않았다.

한편 9월 초 '교수신문'에 실린 금년도 2학기의 천여 명이 넘는 신임 채용 교수 명단에 50대 이상 전임 교수는 나 한 사람뿐이었다. 그것도 60세가 넘은 사람이 정교수로 임용된 것은 어떤 면에서는 대학 사회의 뉴스거리가 될 수 있는데, 이는 정실 인사가 전혀 통하지 않는 홍대의 풍토 하에서만 가능한 일이었다.

마음 한구석에는 기업에만 몸담아 깊은 실력도 없으면서 교수 행세하는 나에 대한 자괴감도 없지 않았으나, 다른 한편으로는 상아탑 속에서만 묻혀 지내는 일부 교수들보다는 실천 학문을 공부하는 경영학도들에게는 나 같은 존재가 회계 용어로 더 유용(useful)하지 않을까 자위해 보기도 했다.

한 학기가 지난 지금은 마음도 어느 정도 가라앉고, 요즘에는 주일 미사 때마다 더 겸손해져야지 하는 기도를 드리면서 자아를 찾아가고 있다.

〈학교 생활〉

내 교수 연구실은 F동 506호실이다.

겸임 교수 시절 전임 교수들의 교수 연구실이 그렇게 부러울 수가 없었는데, 나도 마침내 내 전용 연구실을 갖게 된 것이다. 동편으로는 낮은 산으로 막혀 소나무 숲을 이루고 있으며, 또 한 쪽은 E동과의 연결 통로로 되어 있어서 지나다니는 학생들의 구두 소리와 왁자지껄한 말소리로 소란한 편이나, 작은 소리에도 민감한 내게 이런 것들이 귀에 거슬리는 소음으로 들리지 않고 젊음의 발산으로 느껴짐이 신기할 정도이다.

아직까지도 학교 생활에 익숙치 않아서 학생들과의 대화 중에 교수 연구실을 사무실로, 학생들을 직원들이라고 말하면서 당황해 하기도 한다.

이번 학기는 1학년 '회계원리', 2학년 '중급재무회계', 4학년 '재무제표분석'의 세 과목을 맡았다. 최근 우리나라의 회계기준이 크게 바뀌고 있을 뿐만 아니라, 몇 년 동안 공부를 하지 않아서 9시 TV 뉴스도 보지 못하고 밤늦도록 강의 준비를 하면서도 스트레스를 받는다든가 크게 힘 드는 것을 느끼지 못하고 있다. 아마 자기가 좋아하는 일을 하고 있어서 그런가 보다.

손녀 서영이가 주말마다 할애비 보러 오지만, 강의 준비로 가까이 보살펴 주지 못하여 첫돌이 다된 지금도 친 할애비인 나만 보면 고개를 돌리고 오지 않으려는 한심한 처지에 놓여 있다. 이제부터는 방학에 접어들고 서영이도 첫돌이 지나므로 서영이와 친구가 되어 할애비 체면을 살려 보리라고 다짐해 본다.

회계학은 계산 문제가 많고 숫자를 다루는 학문으로서 학생들이 배우기 싫어하는 과목이다.

따라서 나는 MBA 출신인 사위 성한이가 얘기해 준 대로 가급적 어렵지 않고 얇고 넓게 가르치려고 생각하고 있었다. 그러는 중에 지난 봄부터 조선일보에 서강대 영문학과 장영희 교수의 '영미시 산책'이라는 칼럼이 실리는 것을 읽고, 청량제로 수업 중에 이 시를 소개해 주어야겠다는 생각이 머리를 스쳐 지나갔다.

지난 강의 내내 나는 스크랩 해 놓은 것들 중 학생들에게 가장 합당한 주제로, 영어 단어들이 어렵지 않고 또한 내가 외워서 판서할 수 있는 것들을 골라 판서한 후, 번역과 함께 오랜 삶에서 우러나온 내 생각도 곁들여 장 교수의 해설을 설명해 주고 나서 맨 마지막으로는 시로서의 참 맛이 훼손되지 않도록 그분의 우리말 번역을 낭독하는 순서로 소개해 주었다.

학기 초에는 주로 꿈, 희망, 자연 같은 주제로, 중간에는 사랑에 관한 주제로, 학기 끝날 무렵에는 인생, 행복 등에 관한 주제로 진행하였다. 학년별로 반응이 다르며 저학년 학생들은 사랑에 관한 시를 선호하는 것 같다. 영문학과 학생들이 아닌 경영학도들이 도대체 영시를 접할 기회가 있을 리 없고, 나 역시 조선일보가 아니었더라면 이런 영문학사에 빛나는 명시들을 구경조차 할 수 없는 처지에서, 학생들의 수업 진도에 지장이 없도록 양해를 구하고, 김 교수는 영미시를 가르친 교수로 각인되어도 좋다는 얘기를 하면서 한 학기 영미시 산책을 마쳤다.

아래에 내가 소개한 시들 중 '꿈'이란 시를 영어로 한번 적어 본다.

Dreams

Langston Hughes

Hold fast to dreams
For if dreams die
Life is a broken-winged bird
That cannot fly.

Hold fast to dreams

For when dreams go
Life is a barren field
Frozen with snow.

가을에 접어들면서 장영희 교수에 대해 슬픈 소식이 전해진다. 신체적으로 장애가 있는 그녀가 척추 암으로 투병 중이라는 기사이다. 그분은 서울문리대 영문학자인 고 장왕록 교수의 따님으로 미국 대학 유학 시절부터 조선일보와 샘터 잡지에 실리는 그의 글을 호감을 갖고 읽어왔으며, 금년 봄 부친 사망 10주기 추모 유고집 《그러나 사랑은 남는 것》이란 제목의 책도 감명 깊게 읽은 일이 있었는데, 이번에 이와 같은 큰 불행이 그녀에게 닥치고 있다. 특별한 인연을 지닌 독자의 한 사람으로 장 교수의 쾌유를 빌어 마지않는다.

한 학기를 지내는 과정 중에 조금이라도 의미가 있던 일이라면 홍대신문의 교수 컬럼 란에 '꿈은 이루어진다.'라는 제목으로 글을 실은 것이다. 편집장 학생이 신임 교수라며 기고를 부탁하기에, 평소 학생들에게 해 주고 싶었던 이야기들과 저성장, 저고용 시대에 취업의 어려움은 있지만, 인생은 마라톤 경주와 같은 것이므로 실망하지 말고 꿈을 갖고 꾸준히 노력하면 길이 열리리라는 내용이었다.

수업 중에 4학년 학생들에게는 면접 요령 등 취업에 관한 특강과 직장인의 자세 같은 것도 곁들여 주면서 사회 진출에 조금이나마 도움이 되도록 노력하였다. 인생의 황금기인 대학 4년을 마감하고 험난한 도전을 앞에 둔 4학년 학생들에게 그냥 지나치기에는 마음이 측은하여 이번 주 종강과 함께 회식 자리를 마련해 주었다. 수강생 거의 대부분이 참석해 주어서 신임 교수인 나를 흐뭇하게 해 주었다. 회식 중 많은 학생들이 나이 지긋한 교수인 내가 서른다섯 명의 수강생 전원의 이름을 기억하고 있는 데 대하여 감동해 하고 있다. 나로서는 회사 재직 시의 직원 관리 하듯이 학생에게 관심과 애정을 갖고 이름을 알려고 부단히 노력하여 4학년 학생은 전원, 그리고 인원이 훨씬 더 많은 1. 2학년 학생들도 상당수의 이름을 기억하기에 이르렀다. 이렇게 이름을 기억하려고 지나치게 노력하는 것이 과연 의미가 있는 짓인지는 확연히 모르겠지만, 내 입장에서는 학생들에 대한 애정의 표시와 교수법의 한 방편으로 그렇게 한 것인데, 향후 이 문제에 대해서는 좀 더 심사숙고해 보아야 할 것 같다.

10월에는 상경대학 내 4개 학과 대항 체육 대회에서 내가 소속된 회계학과가 종합 우승하여 학장으로부터 상금도 받아 모두 환

호작약하는 자리에 이런 류(類)의 운동 대회에 유별난 나로서는 그냥 지나칠 수 없어, 우리 학과 선수들에게 금일봉의 격려금을 전해 주자 학생들이 전광석화같이 달려들어 나를 헹가래 태워 주어 교수 생활하면서 생애 처음으로 하늘로 세 번 올라가는 황홀경을 맛보기도 하였다.

학과 회식 자리에서는 내년 체육 대회 때 내가 직접 축구 선수로서 출전하겠다고 큰소리를 쳤지만, 나이가 나이이니만치 그때 가서 과연 수비 선수로라도 뛸 수 있을지는 내심 자신이 없다.

이번 주는 계속해서 기말 시험이 진행 중이다.

이렇게 해서 교수 부임 이래 첫 학기가 지나갔다. 강의 준비하느라고 힘은 들었지만, 나름대로 의미 있고 보람 있는 한 학기였다고 생각된다. 내주부터 시작되는 긴 겨울 방학도 헛되이 보내지 말고 학생들에게 정말로 도움이 되는 산지식을 전해 줄 수 있도록 노력해야겠다고 다짐해 본다.

더 나아가 전문 지식의 전수 이외에 온 정성으로 제자를 사랑하는 참 스승이 되도록 힘써야 할 것이다.

중·고등학교 선생이 아닌 대학 교수가 대학생인 제자들에게 어떻게 해 주는 것이 참 스승인지 지금부터 내가 배우며 연구해야 할 새로운 과제로 떠오르고 있다.

본격적으로 겨울로 접어드는 이즈음, 이름이 아직도 생경스러운 교수 연구실에서 전기 난로가 온도 눈금을 최고로 높여가며 실내를 훈훈하게 지켜 주는 밤늦은 시간, 인생의 마지막 장을 장식할 운명과도 같은 교수로서의 대학 생활 첫 학기를 되돌아본다.

〈2004. 12. 9〉

스승의 날 유감

어제는 '스승의 날'이다.

신문에는 중·고등학생들이 선생님들께 꽃을 달아 드리고 갖가지 행사를 하는 기사와 함께 일부 학교에서는 촌지 받는 선생들을 적발하기 위해 암행 감찰반을 동원하고 있다는 상반된 기사가 실린 것을 보면서, 대학 교수로 신분이 바뀐 나로서도 그저 남의 얘기거니 하고 무덤덤하게 하루를 지나고 난 오늘의 일이었다.

수업을 마치고 교수 연구실로 돌아오자 회계학과 4학년 학생 두 명이 카네이션 한 송이와 함께 리본 달린 종이 두루마리를 전해 주면서 스승의 날이라며 찾아왔다. 그들이 떠난 후 두루마리를 펴 본 즉, 내 강의를 듣는 학생들이 스승의 날을 맞아 자필로 깨알같이 몇 자씩 적은 감사 편지가 두 장 들어 있다. 교수가 되어 스승의 날을 처음 맞이하였고, 하루가 지나도록 아무런 행사가 없어 대학 사회에서는 스승의 날과는 무관한 게 아닌가 하고 별다른 기대도 하지 않고 있던 중에 이런 형식의 글월을 받고 잔잔한 감동에 젖어, 그중 두어 명 학생들의 글을 옮겨 본다.

"안녕하세요, 교수님! 저는 회계학과 05학번 이OO입니다. 항상 저희가 이해하기 쉽게 판서해 주셔서 감사합니다. 그리고 그때 교수님께서 보여 주신 교수님 대학 시절 노트 너무 인상적이었어요. 좋은 영시 소개해 주셔서 감사합니다."

"안녕하세요. 교수님, 저는 목·금 수업 듣는 박OO입니다. 스승의 날을 맞이하여 이렇게 글을 쓰네요. 교수님 열강하시는 모습 너무 멋지시고요, 교수님께서 소개해 주시는 영시 정말 좋아요. 제가 시를 좋아하는데, 정말 좋은 것 같습니다. 교수님, 몸 건강하시고요. 좋은 강의 부탁드립니다."

스승의 날을 맞이하여 학생들이 선생한테 쓰는 글들이라, 당연히 립 서비스 차원의 듣기 좋은 글들이라고 생각되지만, 모든 학생들이 공통적으로 좋은 반응을 보여 주고 있는 것은 전적으로 어느 중앙지에 연재되는 장영희 교수의 영시 덕택이다. 장 교수의 시들은 지난 학기에 꿈·희망·사랑·행복 등에 관한 것이 많았으나, 새 학기 들어서는 계절에 관한 것들이 많다.

3월에는 딕슨의 '3월(March)'과 브라우닝의 '봄의 노래(Spring Song)', 4월에는 T·S 엘리어트의 '황무지(Waste Land)'와 하우스만의 '가장 아름다운 벚꽃 나무' 그리고 5월에는 그랜트의 '5월(May is…)' 등이 그렇다.

계절에 맞게 학생들에게 소개해 주니 소개해 주는 사람이나 듣는 학생들 모두 감흥이 절로 나올 수밖에 없다.

엘리어트의 '황무지' 소개에서 4월은 '잔인한 달'이라고 불리는 연원을 나도 이 시 해설을 읽으면서 처음 알았노라고 나의 무지를 고백하며 해설해 주었고, 또 한편 올해 봄은 4월 초까지도 폭설과 추위가 이어져 벚꽃 개화가 예년에 비해 한 열흘쯤 늦게 핌에 따라 세상에서 가장 아름답다고 소개한 하우스만의 벚꽃 소개도 개화시기에 맞춰 해 주는 등, 세심한 배려에 학생들이 더욱 좋아했던 것 같다.

이왕 영미시 얘기가 나온 김에 스승의 날과는 무관하게 시에 얽힌 이야기를 하나 더 해 보기로 하면, 5월 초 연초록 신록이 찬란하게 빛나던 어느 날 아침, 통학 버스에 올라앉아 그날 소개해 줄 그랜트의 'May is…' 를 외우고 있는데, 그 시의 본문과 피천득의 '5월'이란 수필을 일부 곁들인 해설이 너무 청순하고 그날 날씨와 어울리는 것 같아서, 마침 옆자리에 앉아 눈을 감고 있는 여학생을 흔들어 아무 말 않고 신문 스크랩을 한번 읽어 보라고 건네 주었다. 생면부지의 나이 지긋한 교수가 읽어 보라고 하니, 어쩔 수 없이 다 읽고 난 여학생이 시와 해설이 너무 좋다고 하면서 자기도 영문과 학생이라 이런 시를 좋아한다고 했다. 우리 대학 조치원 캠퍼스에는 영문과가 없으므로 이웃에 위치한 K대생이냐고 물어 보니 그렇다고 대답하면서 3학년이라고 했다.

앞에 놓인 신문지를 찢어 최근 내가 읽었던 장 교수의 수필집 두 권과, 작년에 읽었던 그 부친인 장왕록 교수의 유고집 외에, 우리나라 명시들과 그 해설을 담은 정효구 교수의《시 읽는 기쁨》이란 책 제목을 내 전화번호와 함께 적어 주면서 이 책들을 읽고 독후감을 피드백 해 달라고 하면서 헤어졌다. 전화를 해 줄지,

안 해 줄지는 모르겠지만, 장 교수의 영시 때문에 시와, 그것도 영시와는 한참 거리가 먼 내가 영문학도와 시를 갖고 담론을 나눌 기회를 준 데 대해서 그저 감사할 따름이다.

한편 오늘 마리아 수녀로부터 여름 방학이 되면 우리가 장 교수와 함께 가볍게 식사라도 한번 하기로 약속되었다고 연락이 왔다. 그분의 영미시 애독자의 한 사람인 나로선 그 만남의 자리가 자못 기대된다.

어제 스승의 날에는 신문에 허프의 '스승'이란 시가 소개되었다. 선생이란 신분이 요즘 세태의 다 큰 대학생들한테 존경의 대상이 될 리가 없어 설명은 생략하고, '미래의 길 밝혀 주는 선생님'이란 제목의 해설에서 장 교수 자신이 "지식뿐만 아니라 지혜를, 현실뿐만 아니라 이상을, 생각뿐만 아니라 사랑을 가르치는, 그러한 선생이고 싶습니다."라고 쓴 글을 읽어 주면서 이런 면에서 내가 그분과 코드가 맞는다며 맞장구를 쳐 주었다. 어쩜 초임 교수인 내가 나이는 나보다 아래지만 교수로는 한참 선배인 그분의 제자 사랑에 그냥 편승하는 흐름이 되어, 한편으론 그분과 학생들한테 부끄럽기도 했다.

그리고 위에서 소개한 학생 글에 적힌 '교수님 노트'에 얽힌 일화 한 토막도 함께 적어 보기로 한다. 얼마 전 고향 생가에서 학창 시절의 여러 행장과 함께 대학 시절 강의 노트도 한 묶음 찾을 수 있었다. 묶음 속에는 붉은색으로 밑줄이 가득한 1학년 때의 'College English'라고 쓴 단어집이 한 권 들어 있다. 또 다른 노트 앞쪽 절반은 교과목 강의 내용이 적혀 있고 그 뒷부분 빈 공란은 처음에는 연필로, 나중에는 연필로 쓴 흔적 위에 잉크로 또 다시 휘갈겨 가면서 영어 단어 공부한 것이 두 권이나 나왔다.

평소 학생들의 공부 방법에 관심이 많았고, 특히 영어 단어에 취약한 학생들에게 조그마한 자극이라도 주기 위해 강의 시간에 영어 단어 노트와 연습 노트를 보여 주면서, 그때는 모두들 너무 가난하고 무엇보다 종이가 귀해 이렇게 빈 칸만 있으면 두 번씩이나 덧칠해 가면서 영어 단어를 공부하였고, 이렇게 대학교 때 공부한 단어라야 평생 잊지 않는다고 이야기하고 나서, 이것은 절대 내 자랑을 하기 위함이 아니고 저희들한테 모티베이션을 주기 위한 것이라고 절절히 덧붙여 주었다.

이 이야기를 미국에 사는 딸 수혜에게 전화로 얘기했더니 수혜는 요즘 학생들이 60년대의 가난이 귀에 들어오느냐고 하면서, 또한 아무리 아빠가 자랑이 아니라고 강변해도 학생들은 자랑으로 들을 터인데 쓸데없는 일을 했다고 면박을 준다. 그렇지만 수혜는 천성이 그래서 그러려니 하고 넘겨 버리고, 내 이야기는 어디까지나 선생으로서의 순수한 마음에서 요즘 학생들은 상상도 못하게 가난했던 그 시절과 내 나름대로의 영어 단어 공부 방법을 학생들한테 일러 주는 것으로 자위했던 것인데, 어느 학생은 그것이 그래도 마음에 와 닿아 인상적이라고 쓴 모양이다. 이 노트 건은 앞으로 가족끼리 더 토론해 봐야 다음 학기라도 다시 원용할지에 대해 내 나름대로 방향이 잡힐 것 같다.

처음으로 맞는 스승의 날이라 이것저것 이야기가 길어진 것 같다.

〈2005. 05. 16〉

천당길

기말 고사를 마쳤다.

홀가분한 기분으로 내 마음속의 '천당길'인 학교 뒷산을 한 시간 동안 산행하였다. 내 연구실이 언덕길을 한 참 올라와서 F동 5층에 있기 때문에 연구실 문만 열고 나오면 바로 등산길로 접어들 수가 있다. 그 고도가 오르는 듯 마는 듯하여 등산이라고 하기에는 뭐하고, 그렇다고 산길을 걷는 것을 산책이라고 하기에도 부적절하여 그저 산행이라고 표현했다

학교 바로 뒷산이라 가끔은 교수들이 산행을 하기도 하지만, 마주치는 경우는 거의 드물다. 언제나 혼자서 꽃 피고 새우는 호젓한 산길을 걷노라면 이곳이 바로 천당이 아니고 무어냐고 스스로에게 묻고 나서 나 혼자 '천당길'이라고 명명하였다. 이번 학기에는 학교 오는 날은 어떻게든지 짬을 내어 다녀오곤 했다

사실 지난 학기에도 몇 번은 다녀온 적이 있었으나 첫 학기라 수업 준비에 마음이 바빠 천당 같은 기분을 느껴 보지 못하였는데, 이번 학기에는 1학년 과목만 맡고 또 어느 정도 학교 생활도 익숙해져서 같은 등산길이라 해도 지난 학기보다는 여유로운 느낌이 달라 그 차이가 이렇게 크게 나고 있다.

산길 중간쯤에는 개간된 과수원이 있어, 이른 봄에는 희디흰 배꽃과 분홍빛 복사꽃이 만발하여 혼자 걷기에는 너무나 아까운 산길이다. 수업 중에 학생들에게 하우스만의 '세상에서 가장 아

름다운 꽃, 벚꽃'을 소개할 때에는 '너희들도 뒷산에 올라 복사꽃으로 뒤덮인 무릉도원을 한번 거닐어 보라'고 일러 주기도 했다. 물론 혈기왕성한 대학 신입생들한테 무릉도원을 일러 준들 마음속 감흥이 일어나서 정말 가보리라고는 기대하지 않지만….

4월에는 철쭉과 진달래가 피고 지고, 5월 하순께는 아카시아 꽃향기가 산 전체를 진동시키더니, 그 철이 지나고 6월에 접어들면서 과일나무 중 제일 늦게 피는 밤나무 꽃향내가 산자락에 은은하게 깔려, 이 밤꽃 냄새를 맡을 때마다 젊었을 때 읽었던 소설책 내용이 떠오르곤 했다.

젊었을 때의 언제인지, 작가가 누구인지, 소설 제목이 무엇이었는지도 기억나지 않지만, 어느 과부가 초여름 밤꽃 필 무렵이면 비릿하고 음습한 그 꽃 냄새에 취해 밤마다 바람을 피운다는 내용인데, 그 대목이 아직까지 뇌리에 박혀 있어서 그런지 어디서든 밤꽃 냄새를 맡을 때면 기분이 좋기는커녕 이상한 냄새로만 느껴졌다.

등산길 초입에 접어들면 한 백여 미터에 걸쳐 길 양 옆으로 이화여대 뱃지 모양의 잎을 가진 물푸레나무가 길게 뻗어 있다. 우리나라 야산은 어디든 대개 일본산 리기다소나무가 숲을 이루고, 그 밑으로 상수리 과의 참나무 관목이 자라고 있는 것이 보편적인데, 이곳의 물푸레나무는 제법 모습을 갖춰 무리를 지어 있다.

이 물푸레나무를 볼 때면 영겁처럼 오랜 세월이 지난 지금에도 까마득한 어린 시절이 회상된다. 원래 이 나무는 재질이 단단하여 서당 훈장의 회초리로 자주 쓰이고, 땔감으로 쓸 때에는 일반 참나무에 비해 화력이 좋아 어렸을 적 우리들이 산에서 나무해 올 때 이 물푸레나무만 보면 서로 베려고 덤벼들던 기억들이 새록새록 떠올랐다. 이러한 어린 시절의 그리운 추억들도 이 천당길에서만 느끼게 되는 또 다른 신물이나.

근년에 들어올수록 내가 쓰는 글이나 일상 대화 속에 유년 시절이나 젊었을 때의 추억들이 그리움으로 다가오는 것을 보면, 나도 어쩔 수 없이 나이가 들어가는 모양이다.

학교에서 귀가하면 또 다른 천당길이 나를 기다리고 있다.

분당 사는 사람들 사이에는 '천당 밑에 분당'이란 말이 있듯이, 아파트 일 층에 사는 우리는 현관문을 열고서 '김주호로'만 지나고 나면 바로 탄천에 닿을 수 있고, 이 탄천 길을 따라 걷노라면 이곳이 바로 천당이라고 느껴지는 길이다.

수많은 사람들이 인라인스케이트와 자전거를 타고 지나가고, 파워 워킹하는 여자들과 손에 손잡고 걷는 젊은 부부들을 만나게 된다. 요즘 같은 계절의 저녁 무렵에 탄천에서 산보하다 보면 혼자만의 학교 뒷산과는 또 다른 천당길이 앞에 전개되는 풍경을 본다.

조금 전의 '김주호로'란 우리 가족들만의 은유로 통하는 길이다.

이제 여덟 살 된 외손주 주호란 녀석이 다섯 살 때 미국 건너가기 전까지 이곳 분당에 올 때마다, 사계절 어느 때를 막론하고 외할아버지, 외할머니 손을 붙잡고 아파트 앞길을 지나 어린이 놀이터를 끼고 소나무, 상수리나무, 단풍나무, 느티나무가 우거진 아파트 단지 내 공원을 거쳐 탄천으로 내려가곤 했던 길이다. S자 모양으로 구부러진 이 길을 우리 두 할애비, 할미는 '김주호로'라고 이름 짓고 탄천으로 오갈 때마다 주호 이름 부르며 그리움을 달래고 있다.

이제 한 열흘 지나면 주호, 준호가 삼 년 만에 방학을 맞아 한국에 다니러 오게 된다. 요즘 우리 두 늙은이는 군대 제대 앞둔 고참 병장처럼 손꼽아가며 날짜만 세고 있다.

그들이 오면 이제는 주호만이 아니고 준호까지 양 손에 잡고 '김주호로'를 따라 또 다른 천당길인 탄천변으로 내 달릴 날을 기다리며, 하루하루를 꿈에 부풀어 지내고 있는 요즈음이다.

〈2005. 6. 14〉

가르치며 배우며

벌써 한 학기가 끝났다

이번 학기에도 지난번과 같이 내 강의를 듣는 학생들에게 '졸업 후 나의 진로'란 제목의 과제물을 제출토록 했다.

무서운 경쟁 사회에서 생존하기 위하여 일찍부터 향후 자기 인생 진로에 대해 한번 심각하게 고민한 후 글로 써 보게 하고, 그 목표를 향하여 구체적 계획을 세우고 실천해 나가도록 하자는 제자 사랑의 한 방편으로 생각해서 한 일이다. 물론 갓 입학한 신입생들한테 크게 기대하는 것 자체가 무리인 줄 잘 알지만, 그럼에도 불구하고 한번 시도해 보는 것도 그 나름대로 의미가 있으리라 여겨졌기 때문이다.

한편 뒤늦게 대학 캠퍼스에 참여한 나로서는 근래 학생들의 사고의 틀이 어떻게 짜여 있는지 궁금하였으므로, 이런 기회를 마련하여 그 속을 좀 들여다보고 싶은 호기심이 어느 정도 작용한 것도 사실이다.

지난 학기와 달리 이번에는 매 학생 과제물마다 그 내용에 걸맞게 겉장에 간단하게 내 나름대로의 코멘트를 달아 되돌려 주면서 참고가 되도록 하였고, 매 학년 올라갈 때마다 한 번씩 수정해서 다시 써 보도록 일러 주었다.

그리고 공무원 시험 목표로 작성된 3학년 한 학생의 과제물이 아주 정교하고 논리적으로 잘 작성된 것이 있어서, 이름이 쓰인 표지를 떼어 내고 복사한 다음 학생들에게 나누어 주면서 참고가 되도록 했다.

학과 조교에게 많은 부수를 복사시키면서 이래저래 조교를 너무 성가시게 하는 것은 아닌지 생각되어 좀 미안한 감도 없지 않다. 가끔은 구내 식당에서 값싼 점심을 사 주면서 식사를 함께 하곤 하지만….

오늘 기말 고사를 마치고 나오는데 1학년 학생이 지난번에 과제물을 제출하지 못했는데 늦게 내도 상관없느냐고 여쭙기에 괜찮다고 하면서 받아 읽어 보았다. 그 안에 향후 진로와 그에 따른 계획은 쓰여 있지 않으나, 어쩌면 인간이 살아가는 데 있어서의 근본적인 문제, 철학자들의 고민 같은 것들이 담겨 있어서, 무언가 학생들에게 실제적 도움이 될까 하고 시도한 과제물이 이 나이가 되도록 살아온 내게 오히려 크나큰 숙제와 삶을 재조명할 기회를 주고 있어서, 일면 학생들을 가르치기만 하는 것이 아니라 그들로부터 배우기도 한다는 마음으로 원문을 그대로 옮겨 본다.

"사실 나는 나의 진로에 대해 진지하게 생각해 본 적이 별로 없는 것 같다. 어찌 보면 나의 미래에 관한 이 질문은 가장 심오한 의미에서 인간이 던질 수 있는 가장 어려운 물음일는지도 모른다. 그렇기에 결코 쉽게 대답할 수 없는 질문이라는 것을 느끼게 된다.

우선 나 자신을 올바로 찾자… 그것이 시작이다.

나는 무엇을 하며 어떻게 살 것인가? 나에게 얻고자 하는 것은 무엇이고, 그러기 위해서 어떻게 해야 할까? 나는 어떤 사람일까? 도대체 나는 누구인가?

일생 내내 따라다니는 의문일 것이다.

어릴 때, 사춘기 때, 전공을 선택할 때, 또는 대학 다닐 때만이 아니다. 남들이 어른이라고 봐 주는 시기에도, 혹은 남들이 선망하는 일을 하고 있다 하더라도 여전히 '나는 누구인가?' 라는 의문에서 벗어날 수는 없다. 도대체 이게 내가 하고 싶은 일일까? 내가 해야 할 일일까? 아마도 죽을 때나 되어서야 그나마 조금 답이 보이는 것 아닐까.

이렇게 나의 정체성에 대한 의문을 갖는 것은 또한 축복이기도 한 것 아닐까? 의문이 있기에 우리는 가능성을 열어 두고 살 수 있다. 미래를 모르고 자기 자신이 누구인지 모르기에 무언인가 다른 것을 찾고 새로운 것을 해 보려고 갖은 애를 써 보는 것 아닌가.

미래를 모르고, 나 자신을 잘 모르고 산다는 것은 본질적으로 축복인 것 같다. 그러나 아예 무지하게 살 수는 없는 일이다. 방향을 정하기 위해서, 어떤 가능성을 찾기 위해서, 적어도 당장 어떠한 선택을 하기 위해서라도 우리 자신에게 끊임없이 질문을 할 수 밖에 없다.

어찌 됐던 지금의 나는 원하는 바를 위해 상경학부라는 진로를 선택했고, 앞으로 4년 동안의 교육 과정을 열심히 수행하여 요즘과 같이 어려운 취직난 속에 큰 힘이 될 수 있도록 최선의 노력을 다할 것이다."

위에서 길게 적은, 인간이 자기 자신의 내면적 근원을 찾아가는 고민은 1학년 대학 신입생 사유의 깊이로 써 내려가기에는 좀 어렵고 무리하게 보일 수 있으며, 어쩌면 다른 책에서 인용했을 수도 있을 것이다.

이제 한 학기가 다 끝났으므로 위의 과제물을 읽고 나서 코멘트를 달아 되돌려 줄 필요는 없게 되었지만, 한다면 무어라고 해주어야 할지 내 나름대로 고민도 해 보았다.

'인생이란 그렇게 고민만 할 것이 아니라 고민 속에서도 자기가 좋아하는 분야를 찾아 구체적 계획을 세운 후 포기하지 않고 최선을 다할 때 언젠가는 그 꿈이 이루어질 것이다'라는 정말 선생님(?) 같은 말밖에 더 할 것이 없을 것 같다.

지난주 종강 때에는 학생들에게 주는 마지막 선물이라고 하면서, 내 노트에 적혀 있던 비전에 대한 영어 잠언을 소개해 주었다. 앞에서 말한 '나의 진로'란 과제물도 이 비전과 연관 지어 작성해 보도록 하게 한 것이다.

The Power of Vision

Vision without action is merely a dream,
Action without vision just passes the time,
Vision with action can change your future and the world.

〈 2005. 6. 20〉

시험 감독 단상

오늘, 이번 학기 마지막 시험이 있는 날이다. 시험 치는 오늘도 눈발이 날린다. 시험 치는 학생들의 모습을 보노라면 온갖 생각들이 머리를 스쳐간다. 시험 문제와 답안지를 나누어 주자마자, 학생들은 마치 단거리 육상 선수들이 출발점에서 스타트하듯 학번과 이름을 적어 나간다.

조금 지나자 조용한 가운데 사각사각 글씨 쓰는 소리와 다그락 다그락 계산기 두드리는 소리만 정적을 깨뜨린다. 그 진지한 모습이란 너무나 엄숙하다. 마치 이 한 과목 시험이 자신들의 운명을 갈라 놓기라도 하듯 집중하지만, 인생은 참으로 시험의 연속이자, 시험의 노예이기도 하다.

대학 입학 때까지 수많은 시험 과정을 거쳐 입학을 하게 되고, 대학 재학 중에도 퀴즈 시험, 중간, 기말 고사 등 수많은 시험으로 나날을 지새우기 마련이다. 이 대학교 시험 성적이 그대로 사회 진출 시 반영되어 취업을 하게 되고, 운 좋게 대기업에 취직이라도 되면 대리, 과장 승진 때마다 또 치열한 생존 경쟁 시험을 치르게 된다.

이러한 사회 구조의 생리를 잘 아는 나로서는 채점할 때 가급적 상대 평가 범위 내에서 학생들의 성적을 후하게 주려는 편이다.

학생들의 시험 치는 모습도 각양각색이다.

책상에 코가 닿을 듯 머리를 박고 글씨 쓰는 학생, 왼손으로 쓰는 학생, 컨닝 하려고 감독하는 나를 흘끔흘끔 쳐다보는 학생, 벼락치기 밤샘하여 눈이 벌겋게 충혈 된 학생 등 별의별 학생들이 다 있다. 개중에는 이름만 쓰고 5분도 채 안 되어 시험 답안지를 제출하고 용감하게 교실 문을 열고 나가는 학생들도 있다. 이런 학생들은 성적 줄 때마다 나를 고민에 빠지게 한다.

한편 시험 시간이 끝나감에도 불구하고 일분이라도 더 쓰려고 안간힘을 쓰는 학생들도 있다. 대개 이런 학생들의 성적도 A+ 정도로 좋게 나오지 않는 것이 보통이다. 시간을 충분히 주었음에도 제 시간에 끝내지 못하는 것은 시험 준비 공부가 덜 되어 있기 때문일 것이다.

시험 치는 중간에 감독하는 듯이 느껴지도록 발걸음 소리를 죽여, 교실 뒤편 창가에 서서 눈 내리는 겨울 산을 바라보며 여러 가지 상념에 사로잡혀 보기도 한다. 십여 년 전까지만 하더라도 주경야독하는 만학도의 신분으로 여러 단계의 시험을 치며 고생하던 기억이 새롭다. 그 후 오랜 전문 경영인의 신분에서 벗어나, 이순을 넘긴 나이에 전임 교수가 되어 거꾸로 시험을 감독하는 자리로 뒤바뀐 것이 아직도 실감이 잘 나지 않는다.

지금도 학위 과정을 거치면서 보던 시험의 부담이 잠재의식 속에 남아 가끔씩 꿈속에 그때 상황이 나타나 나를 짓누르기도 한다.

그러나 지금은 시험 감독관이다. 어쩌면 채점하는 수고만 없다면 시험 감독하는 그 자체를 즐기는 기분이 들기도 한다. 시험 감독이 무슨 큰 유세인 것 같기도 하다.

그러나 이 유세도 앞으로 몇 번이나 더 부려 볼까. 매 학기 중간고사, 기말 고사 시험 칠 때마다 고역을 치르는 학생들과는 달리 한 과목 한 과목 시험 감독 그 자체가 나에게는 소중하게 다가온다.

한편, 나도 학생들한테 시험을 치러야 될 처지이기도 하다. 시험이 끝나면 교수들에 대한 학생들의 수업 평가가 그것이다. 평가 결과에 별로 구애됨이 없는 나의 신분이지만, 그래도 학생들이 시험 치는 심정으로 그들의 심판을 겸허히 받아야 할 것이다. 정말로 인생이란 시험의 연속이다. 생을 마감한 후 내려질 산 사람들의 인물 평가가 아마도 마지막 인생의 시험이 될 것이다.

그러나 이러한 상념의 정적이 길어지면 학생들의 촉각은 분주하게 움직이기 시작한다. 학생들의 부정 행위 방법은 가지가지이다. 시험 치기 전 엄중하게 경고하기도 하고, 줄을 바꾸어 자리를 옮겨 보기도 하지만, 효과가 별로 없는 것 같다.

점잖은 체면에 눈을 부릅떠가며 감독하는 것 자체가 체신이 서지 않는 것 같고, 그렇다고 조금만 틈을 보여 주면 세태에 영민한 학생들은 그 틈새를 교묘히 파고든다.

시험 답안지 맨 끝이나, 기말 교수 평가 댓글에 내가 시험 감독을 너무 느슨하게 한다고 불평하는 학생들도 있다. 근래에는 학생 수가 조금 많은 반은 조교를 동원해 함께 감독하기도 하나 효과는 미지수이다.

이렇게 하여 오늘 시험을 마지막으로 이번 학기도 끝나고, 앞으로 채점만 남기게 된다. 수강 학생들의 이름들을 대부분 알고 있는 나로서는 채점 할 때 이름을 알고 있는 그 자체가 오히려 부담 되는 경우가 가끔 있다. 아이러니칼하다고나 할까?

이제 앞으로 캠퍼스 생활도 몇 학기밖에 남지 않았다. 유세스러운 시험 감독도 그 이상 더 할 수 없는 아쉬움을 마음속으로 크게 느끼면서, 한 학기, 일 년이 지나가고 한 해를 마무리하는 세모가 눈앞에 다가오고 있다.

〈2005. 12. 9〉

고별 강의

연초록 5월의 신록이 짙푸른 녹음으로 변하기 시작하면 대학가는 기말 시험을 치르고 방학을 맞게 된다. 이번 학기말 고별 강의를 한 지도 어언 달포가 지나갔다. 평생 몸에 밴 회사 일을 다시 하며 되돌아보니, 지난 2년간의 학교 생활이 아스라이 먼 영겁 속의 일만 같이 느껴진다.

올해 초, 다니던 회사 측으로부터 교수직을 그만두고 그룹으로 복귀했으면 좋겠다는 요청을 받았다. 그룹 환경이 크게 변한 것을 잘 알고 있고, 일생을 그룹과 함께 한 나로서는 교수 정년까지의 남은 일 년 때문에 그 청을 뿌리칠 수 없었다.

그렇지만 그때는 이미 강의 시간표가 짜여져 있어 어쩔 수 없이 이번 학기 강의만 마치고 돌아가기로 회사 측과 양해가 되었다. 학생들한테는 이러한 사실을 숨기고, 하루하루를 지내는 학교 생활이 나에게는 금쪽같이 귀하고 아쉽기만 한 시간이었다.

종강하는 날 학생들에게 고별 강의를 무슨 내용으로 할까 하고 학기 내내 생각하여 보았으나, 1학년 두 반과 고학년 한 반인 수강생들에게 공통적으로 일러 줄 좋은 말이 잘 떠오르지 않았다. 생각 끝에, 연전 고학년 학생들에게 특강을 해 주었던 '취업 정보'와 작년 신입생 오리엔테이션 때 강연한 '바람직한 대학 생활'이란 글을 다시 정리하여 이야기하기로 했다.

고별 강의를 시작하기에 앞서 내가 정년을 남겨 두었지만 사정상 전에 근무했던 회사로 돌아가게 되었다고 말하는 순간, 나도 모르게 목이 메이고 듣는 학생들도 일순 술렁이고 놀라는 모습이었다.

맨 먼저 꿈과 희망을 절대 놓지 말라고 일러 주었다. 취업이 아무리 어렵더라도 쉽게 포기하지 말고 희망을 품고 노력하라고 하면서, 수업 시간에 소개한 랭스턴 휴즈의 '꿈'(Dreams)이란 영시(英詩)를 복습해 주었다. 꿈을 잃는 순간 인생은 허물어진다고 말하고 난 후, 이 순간 나의 꿈은 다시 시작하는 회사 생활을 명예롭게 마감하고 기회가 주어진다면 강사 신분으로라도 강단에 다시 서는 것이며, 그 꿈이 이루어지지 않으면 대학교의 사회교육원에 입학하여 평소 하고 싶었던 분야의 공부를 더 하고 싶다는 꿈같은 꿈 이야기를 해 주면서 학생들에게 꿈과 희망을 불어넣어 주었다.

다음으로 최근 어떤 책에서 읽은 '대학 시절에는 그릇을 채우려 하기보다 그릇을 키우는 공부를 하고, 주춧돌부터 집을 그리는 공부 즉 기초를 다지는 공부를 하고, 마지막으로 평생을 함께 살아갈 동반자를 찾아 사랑을 나누어야 한다. 남을 사랑한다는 것은 자기를 뛰어넘음으로써 자신을 키울 수 있기 때문이다.' 라는 대목이 가슴에 닿아 그대로 소개해 주었다.

'바람직한 대학 생활'이란 나의 글도 평소 대학생들에게 들려주고 싶었던 마음을 담아 정리한 것이다. 긴 삶의 여정으로 볼 때 대학 생활 4년은 '인생의 황금 시절'이다. 이 황금 시절을 헛되이 보내지 말고, 나라 안팎 여행도 해 보고, 사회 봉사 활동에도 참여하고, 좋은 친구도 여럿 사귀고, 무엇보다 폭 넓은 교양 서적을 많이 읽고 전공 공부를 열심히 하라고 일러 주면서, 마지막으로 각자 품은 꿈을 실현하기 위하여 구체적으로 계획을 세워 최선을 다하라는 말로 끝맺음했다.

강의를 끝내고 학생들과 일일이 악수를 하면서 석별의 정을 나누었다. 1학년 학생 하나는 다른 반 종강 시간에도 맨 앞자리에 앉아 내 고별 강의를 세 번이나 들으면서 나를 감동시키고, 어떤 학생은 디카로 사진을 함께 찍기도 하고, 또 다른 학생들은 선물을 주면서 헤어짐을 아쉬워했다. 겨우 2년의 교수 생활에 학생들로부터 과분한 축복을 받는 것 같아 형언하기 어려운 감정의 잔파도가 일었다. 아마도 중·고등학교 졸업식에서 제자들과 헤어지는 담임 선생님의 마음이 이렇지 않을까 연상해 보기도 했다.

그 사이 학기 말이 다가오면서 학교와 맺은 소중한 인연을 어떻게 이어갈까 하고 고민하다가, 학생들에게 적은 금액이나마 장학금을 주는 것이 좋을 것이라는 데에 생각이 미쳐, 마지막 교수

회의 때 앞으로 3년 동안 회계학과 학생에게 매 학기 장학금을 주겠다고 발표하고 나니 마음이 한결 가벼워졌다. 어쩌면 내 인생에 가장 보람 있었고 명예스러웠던 2년간의 교수 신분에 대한 보답으로서의 그 금액은 너무 보잘것없고 기간도 짧아, 장학금이랍시고 이야기하는 자체가 마음속으로 한 가닥 부끄럽기조차 하다.

고별 강의 후 치른 기말 고사 답안지 말미에 또는 휴대폰 문자 메시지, 교수 평가 댓글에 나와이 이별을 아쉬워하는 글들이 수없이 떴다. 전에 있었던 내용들과 별 차이 없이 학생들 이름을 불러 주고, 하나라도 더 가르쳐 주려고 열심히 강의하고, 그리고 무엇보다 영시를 가르쳐 준 데 대한 고마움의 표시들이었다.

2년 전 이순을 넘긴 나이에 교수로 부임하여 학생들 앞에 섰을 때의 그 설레임이 채 사그러들기도 전에 정년을 채우지 못하고 그들 곁을 떠나는 심정이 착잡하기 그지없었지만, 어쩔 수 없는 내 운명으로 여기고 인생에서 가장 의미 있고 영예스러웠던 교수 생활을 마감하게 되었다.

새 학기가 다가오면 책을 껴안은 새파란 젊은이들이 와글거리면서 교정을 돌아다니는 광경이 눈에 떠올라 그들이 무척 그리워질 것이다. 테헤란로를 지나거나 지하철 안에서 발랄한 젊은이들만 보이면 내가 가르친 학생들 얼굴과 오버랩 된다.

그렇지만 이 모두는 삶의 뒤안길로 지나간 일, 2년여 신안골 산자락에 안겼던 캠퍼스 생활은 끝내 아름다운 추억으로 남겨질 것이다.

〈2006. 7. 17〉

영미시 산책

2004년 봄부터 고(故) 장영희 교수가 조선일보에 '영미시 산책'이란 칼럼으로, 우리한테도 친숙한 영국, 미국 시인들의 명시들을 해설해 주고 있었다.

나는 영문학도도 아니고, 더군다나 시(詩)와는 거리가 먼 회계학 교수로 막 발령을 받은 상태에서 이 영미시들을 접하는 순간, 내 마음속 깊숙이 잠자고 있던 시심(詩心)의 심지에 불이 댕겨지는 듯한 느낌을 받음과 동시에, 내 수업 시간에 이 시들 중 좋은 몇 편을 골라서 학생들에게 소개해 주면 좋겠다는 생각이 불현듯 머리를 스쳐 지나갔다.

회계학은 학생들이 지루해 하는 과목으로서 수업 중 싫증이 날 무렵, 매일 연재되는 시편들 중에서 학생들에게 도움이 되는 시를 골라, 장 교수의 해설에 나의 인생 경험을 곁들여 여러 편 소개해 주었다.

맨 첫 주에 소개된 시편들 중 로버트 프로스트의 '눈가루'(Dust Of Snow)를 읽는 순간, 수십 년 전 일본에 첫 출장 갔을 때의 일이 떠올라 이 시를 맨 처음 소개해 주기로 하였다.

도쿠가와 이에야스(德川家康)의 신전이 있는 닛코(日光)에 관광 갔을 때, 입구의 아름드리 수만 그루 스기(杉)나무 숲을 지나가는데, 까마귀가 날아오르자 늦겨울 설국(雪國)의 장설(長雪) 진 나뭇

가지 위 눈뭉치가 내 외투 깃 위로 떨어질 때의 그 상쾌했던 맛이, 프로스트의 이 시와 똑같은 느낌이었다는 일화를 이야기해 주면서 시를 소개했다.

Dust Of Snow

Robert Frost

The way a crow
Shook down on me
The dust of snow
From a hemlock tree

Has given my heart
A change of mood
And saved some part
Of a day I had rued.

눈가루

로버트 프로스트

까마귀 한 마리
독당근나무 위에서
눈가루를
내 머리 위로 흩뿌리니

내 마음 밝아져
수심에 싸였던
나의 하루가
새로워지네.

* hemlock : 독당근나무.

신문에 연재된 날, 그 시를 처음 보는 순간, 내용 자체는 단순한 편이었으나 영어 구문이 좀 애매하여 장 교수에게 메일로 문의하여 회신을 받아 본 결과, 간단한 시인의 소개와 함께 위의 시는 첫 연이 주어(主語)이고 두 번째 연은 동사로 결국은 한 문장으로 이루어져 있다는 것이다. 그리고 마지막 행(行)을 제외하고는 각 행이 네 개의 단음절로 이루어져 빠르고 경쾌한 리듬을 지녔다는 설명과 함께, 새는 자유의 상징이지만 까마귀는 불행과 죽음의 상징이요, 나무는 생명의 상징이지만 독당근나무는 죽음을 가리키므로 죽음과 연결된 어두운 이미지가 번뇌에 찬 시인을 '구원'했다는 것은 결국 삶의 양면성, 즉 행복과 불행, 어두움과 빛 등을 간접적으로 시사한다고 자세하게 부연 설명을 해 주었다.

이 회신 메일을 읽고 영문학자로서의 장 교수의 학문적 깊이에 새삼스러움을 느꼈으며, 나로서도 '눈가루'로 인하여 닛코에서 일어났던 추억을 되살려 '닛코 가는 길'이란 제목으로 시를 한 편 지은 부수입을 얻기도 하였다.

그 이후 4월 벚꽃이 만개할 무렵, 신문에 실린 하우스만의 벚나무 시(詩)도 학생들에게 소개해 주었을 때, 모두들 너무 좋아하기에 그대로 옮겨 본다.

Loveliest of Trees, the Cherry Now

A. E. Houseman

Loveliest of trees, the cherry now
Is hung with bloom along the bough,
And stands about the woodland ride
Wearing white for Eastertide.

Now, of my threescore years and ten
Twenty will not come again,
And take from seventy springs a score
It only leaves me fifty more.
And since to look at things in bloom
Fifty springs are little room,
About the woodlands I will go
To see the cherry hung with snow.

나무 중 제일 예쁜 나무, 벚나무

A. E. 하우스먼

나무 중 제일 예쁜 나무, 벚나무가 지금
가지마다 꽃을 주렁주렁 매달고
숲 속 승마도로 주변에 서있네
부활절 맞아 하얀 옷으로 단장하고.
이제 내 70 인생에서
스무 해는 다시 오지 않으리,
일흔 봄에서 스물을 빼면
고작해야 쉰 번이 남는구나.
만발한 꽃들을 바라보기에

쉰 번의 봄은 많은 게 아니니
나는 숲 속으로 가리라
눈같이 활짝 핀 벚나무 보러.

* score: (사람나이) 20, 예) threescore (years) and ten : (인생) 70년
Eastertide : 부활절 시즌.

장 교수가 쓴 이 시 해설 맨 끝에 "꽃 피고 아름다운 봄을 영원히 볼 수 없을진대, 너무 늦게, 이제야 그걸 깨달았습니다. 문득 다가오는 봄 속에 내가 숨 쉬며 살아 있다는 사실이 눈물겹도록 감사합니다. 올봄엔 정말 꼭 꽃구경 한 번 나서 봐야겠습니다."라는 글을 읽고, 다가올 자기 운명을 미리 알고 이렇게 쓰지 않았나 라는 데 생각이 미치자 눈물겹도록 안쓰러움이 가슴속에 스며든다.

2006년 들어 장 교수가 그처럼 사랑했던 5월 어느 날, 장 교수와 나, 마리아 수녀, 그리고 딸 수혜랑 넷이서 함께 식사한 후, 그 사이 조선일보에 연재했던 영미시들을 모아 《생일》이란 제목으로 발간한 책을 본인의 친필 사인과 함께 선물로 받은 것이 그 분과의 마지막 인연이 될 줄을 그때는 미처 몰랐다.

친필로 사인한 후 불편한 손으로 그 자리에서 본인이 직접 붙여준 하트 모양의 스티커가 앙증스럽다. 그 스티커를 붙이는 모습을 보고 평생 독신으로 지낸 장 교수한테서 아직도 앳된 문학소녀 같았던 모습이 이제는 다시 못 볼 아련한 잔영으로 남아 있다.

〈2009. 6. 6〉

4부 • 생가 노송

한 삶의 궤적
-동부건설을 떠나며

밀레니엄이 바뀌고, 10년의 수레바퀴 한 번 굴러 호랑이띠 새해가 밝았습니다. 우리나라는 올해 국가적으로 망국한 지 100년, 6·25 전쟁이 발발한 지 60년, 4·19 혁명이 일어난 지 50년이 되는 해며, 그 이후에도 숱한 굴곡의 한 세기를 거치면서 마침내 세계의 선도국가 중 하나로 우뚝 서게 되었습니다.

우리 회사도 40년 전 '미륭건설'로 미약하게 출발했으나, 이제는 글로벌 '동부그룹'의 모태로 창대한 결실을 맺게 되었습니다.

이러한 격랑의 세월 속에 그룹의 잉태부터 함께한 저는 이제 제 삶 자체인 '동부'를 떠나면서 그 소회를 사랑하는 후배 임직원들에게 전하고저 펜을 들었습니다.

저는 군복을 벗기가 무섭게 입사하여, 삼척산업, 동부고속, 동부종합상사와 그룹 종합조정실을 거쳐, 75년도 여름 미륭건설 중동신화 창조의 시발점인 '사우디아라비아 주베일 해군기지 MOB 공사 현장'에 그 당시 신입 사원이던 현 동부건설 CEO와 같은 비행기를 타고 설레임 속에 제1진으로 도착한 이래 오늘 이 순간까지 동부건설과 생(生)을 같이 해왔습니다.

동부그룹의 역사는 여러 각도에서 살펴볼 수 있겠으나 사옥을 중심으로 되돌아보면, 69년 1월 관철동 삼영빌딩 2층에서 그룹의 모태인 미륭건설이 고고의 성(聲)을 울려 창립되었으며, 삼각동 경기빌딩에서 해외건설 전성기를 거쳐 초동빌딩에서 그룹 세를 확장 하였고, 역삼동 사옥에서 IMF 역경을 이겨 내고, 마침내 오늘날 테헤란로 최고 명물인 대치동 사옥에서 동부의 역량을 마음껏 빛내고 있습니다.

우리 동부건설은 70년대 중반 우리나라 건설 회사 중 사우디아라비아에 최초로 진출하여 중동 신화의 산 증인이었을 뿐만 아니라 동부그룹 형성의 토대를 제공하였으며, 그 당시 한때는 도급순위 6위까지 올라간 적도 있었으니, 그 이후 해외 공사 철수와 주택 사업 축소로 지금은 그 순위가 많이 내려가 있는 실정입니다.

그렇지만 그룹 창업자로서 유일하게 경영 일선에서 뛰고 계시는 회장님의 불굴의 기업가 정신에 여러분들의 열정과 애사심이 어우러진다면 머지않아 옛 건설 명가의 영예를 반드시 되찾으리라는 확신을 안고 저는 떠납니다.

동부건설 맨은 우리나라 최고의 오피스빌딩인 대치동 동부금융센터와 월드클래스 급인 '레인보우 힐스 골프장', 주택 명가 브랜드인 '센트레빌'의 기적을 이루어 낸 저력이 있으므로 건설인으로서의 자긍심을 가져도 좋을 것입니다. 부디 현재의 수준에서 안주하지 말고, 글로벌 경쟁 시대에 맞는 글로벌 동부건설인으로 거듭나기를, 떠나는 선배로서 당부 드리는 바입니다.

막상 떠난다고 하니, 교수로서 캠퍼스에 몸담았던 몇 년간의 외도를 제외하고는 사십여 년 간 참동부 맨으로 여러분들과 고락을 함께 했던 지난날에 대한 감회로 가슴이 젖어옵니다.

그렇지만 인생을 살아가면서 만나면 헤어지게 마련인 회자정리(會者定離)는 자연의 섭리일진대 저의 떠남도 소명(召命)으로 받아들이며, 앞으로는 동곡사회복지재단 산하 회사인 '삼동'(三東)의 부회장으로서 여러분과 지리적으로 조금 떨어져 지내게 될 것입니다. 그러나 마음까지 여러분 곁을 아주 떠나는 것은 아니므로, 테헤란로나 지하철에서 우리 만나게 되면 웃는 얼굴로 서로 반갑게 인사하도록 하십시다.

다시 한 번 여러 후배 임직원들 가슴에 가없는 애정과 사랑의 선물을 듬뿍 전해 올립니다.

끝으로 새해 아침, 여러분 가정에 하느님의 은총이 가득 내리기를 기원 드리면서, 예사롭지 않은 추위에 건강 각별히 유념하시기 바랍니다.

〈2010. 1. 4〉

* 이 고별사를 사내 인터넷망에 올리자 댓글이 산더미같이 올라와, 내 일생과 함께한 동부와의 삶이 헛되지만은 않았구나 하는 자위와 감사의 마음으로, 가슴이 먹먹한 울림으로 가득 차 올라왔다. 하나같이 동부의 터줏대감인 나와 '동부건설'이란 울타리 안에서 한솥밥을 먹다가 과일이 찬 서리 맞아 나무에서 떨어지듯이 회사를 떠나는 나에 대한 진한 석별의 아쉬움을 나타내는 댓글들로서, 그들 중에는 내가 잘 기억하지 못하는 여직원을 포함한 하위직원도 상당수 포함되어 있었다.

댓글 올린 한 사람, 한 사람에게 댓글 내용에 걸맞게 답신을 해 주었어야 마땅하나, 시간과 성의 부족으로 뭉뚱그려 일괄적으로 고맙다는 답신을 해 준 데 대해 지금까지도 마음에 개운치 않은 아쉬움이 남는다.

〈2010. 1. 초〉

'송우회' 50년 역사

송우회의 첫발은 반세기 전 경향 각지의 준재들이 '향상림'으로 모여들어 젊음을 불사르던 아득~한 옛 시절로 거슬러 올라간다.

경주, 대구, 진주, 강릉 등지에서 올라온 우리들은 모두 같은 '신라 말'을 쓴다는 DNA를 부지불식간에 느끼게 되어, 수업이 끝나고 쉬는 시간마다 삼삼오오 모여 담소를 나누는 중에서도 우리 회원 여남은 명은 너무나도 자연스럽게 함께 어울리는 사이가 되었다.

경상도 사투리와 강릉 말로 시끄럽게 떠들다 보니 우리들의 우정은 세월에 용해되어 어느 결에 친목 모임으로 굳어지고, 졸업 후에도 모임이 그대로 이어져 오늘에 이르게 된 것이다.

결성 초기 얼마 동안은 모임 이름도 없이 지내다가 한참 후 향상림의 소나무(松)에다 벗 우(友)자를 합쳐 '송우회(松友會)'란 품계 높은 이름을 갖게 되고, 지금껏 50년 동안 동기생 모임 중 가장 오랜 역사를 지닌 우정 어린 친목 모임으로 승화되어 이어지고 있다.

이 모임에 참석할 때마다 가정교사 자리 구하기, 하숙비 걱정 속에서도 '서울대' 뱃지보다 더 높고 푸른 '상대(商大)' 뱃지를 가슴에 달고 서울 시내를 활보하던 홍릉 시절의 추억이 떠올라 세월의 강물이 불어날수록 더욱 큰 그리움으로 다가온다.

회원 10명 중에는 공인회계사가 네 명, 박사 학위자가 네 명 배출되었으며, 우리 회원들은 우리 세대가 짊어져야 할 숙명처럼 고위 공무원, 금융계, 산업계, 자영업, 대학 강단, 종합상사 해외 주재원, 중동 열사의 나라 파견 근무 등으로 조국 근대화의 최첨병 기수로서 나라 발전에 온몸을 바쳐 기여해 오다가, 지금은 모두들 일선에서 물러나 안온하게 영혼의 호수를 맑게 하는 삶을 살아가고 있다.

그런 가운데서 오랜 기간 우리 모임을 주도적으로 이끌었던 곽순동, 문헌상 두 회원을 몇 년 전 같은 병으로 한 해 건너씩 먼저 떠나보내고, 뒤이어 우두헌 회원의 부인을 잃어 버리는 슬픔을 겪기도 하면서 남은 우리들도 인생을 다시 한 번 되돌아보게 하였다.

경상도와 감자바위 특유의 기질을 가진 남정네들과는 달리 이 모임의 전국구 출신 사모님들은 한 달에 한 번 만나기로 한 약속 날짜를 학수고대하는 사이로 진화되었으며, 그동안 몇 차례 유럽 여행을 자기네들끼리 다녀오는 열정을 과시하면서 남편들에게 부족한 우정을 메워 주고 있다. 딱히 할 말이 없으며 다만 부러울 따름이다. 이 지면을 빌어 어부인들한테 그간의 가없는 내조에 가없는 고마움을 전하며, 아울러 지금은 모두 고희 넘긴 화백(?)들의 기(氣)도 살려 주기를 살짝 부탁드려 본다.

우리 1세대 회원들이 사라지면 신라문화에 뿌리를 둔 아름답고도 소중한 이 송우회 모임도 함께 사라져야 하는 운명의 아쉬움 속에 제행무상(諸行無常)을 느끼는 요즈음이다.

그렇지만 세월의 덧없음만 탓하지 않고, 초저녁 황혼의 우리 회원들은 서녘 노을 붉게 물들이며 제2의 청춘을 만끽하는 삶의 지혜를 갖도록 다짐해 본다.

〈2010. 10. 3〉

· 회원명단

강세중(진주고), 권중국(경북사대부고), 김기덕(강릉제일고)
김상경(대구대성고), 김재형(경북고), 오은수(경북사대부고)
우두헌(계성고), 손명환(경주고)

· 작고회원

곽순동(강릉제일고), 문헌상(대구상고)

고(故) 곽순동 학형(學兄) 추모 단상

곽순동 학형이 사랑하는 가족 친지와 벗들 곁을 떠나 영원 속으로 사라진 지 어언 4년이란 세월이 찰나처럼 지나갔다.

곽 형은 모교 강릉상고가 개교하던 해인 1938년, 봄철이면 '복사꽃 축제'로 들썩이는 주문진읍 장덕리에서 태어났다. 나이 늦게 초등학교에 입학하여 주문진중학교를 거쳐 강릉상고에 수석으로 합격하였다.

곽 형과 연관지어 입학 당시 강릉지역 고등학교 현황에 대해 이런 기회에 설명해 보는 것도 시대 변천사에 관심 있는 분들에게 의미가 있을 듯싶어 간략히 적어 본다.

그 당시 강릉상고는 상과 3개 반, 문과, 이과 각 1개 반씩으로 구성되어 상고와 인문고가 혼합된 성격으로서, 영동·영서 지방 인재들이 인문 반에 운집하여 '영동의 경기고'로 이름을 날리고 있었다.

시대가 바뀌어 60년대 중반, 강릉에도 인문 고등학교의 필요성이 생겨서 강릉상고를 강릉고로 개편코자 하였으나, 강릉상고의 상업 과목 선생님들의 반대로 무산되고, 문과, 이과 반만 떨어져 나와 개교한 것이 '강릉고등학교'이며, 그 강릉고는 비평준화의 혜택으로 한때는 서울대에 70여 명씩 입학시키는 전국적인 명문고로 발돋움하였다.

반대로 상과만 남은 강릉상고는 시간이 지날수록 정원을 채울 수 없어 몇 년 전 '강릉제일고'로 개명하여 인문고로 전환한 것은 전국 상고들의 공통적인 현상이었으며, 백 년 전통의 강릉농고도 같은 운명으로 금년부터 '강릉중앙고'로 교명을 변경하였다. 유네스코 세계 문화 유산으로 등재된 '강릉단오제'의 하이라이트인 '강상–강농 축구대회' 명칭도 '제일고–중앙고'로 변경되어 강릉 토박이들한테는 그 이름 자체가 생경스럽게 들려 새삼 세월의 흐름을 느끼게 한다.

이왕 강릉 이야기가 나온 김에 삼박한 삽화 같은 정경을 하나 소개하면, 상대 입학 후 얼마 되지 않아 모든 것이 낯설던 시절, 인해전술로 향상림의 소나무 숲을 휘젓고 다니던 화동(花洞) 출신 무리 중에서 내 보기에 우두머리(?) 같은 김동건 동문이 어느 날 나한테 다가와 자기도 강릉 출신이며 강릉 김(金)씨라고 소개한다.

항렬을 따져 보니 나의 증손뻘 되어 그 후로 지금까지 종친으로서의 동질감을 가지고 지내오고 있다. 김동건 교수 집안은 강릉 김씨 종갓집으로 본가는 대관령을 마주 보고 있는, 선비 집안의 서향(書香)이 묻어나는 유서 깊은 고택이다. 곽 형과도 동향이므로 곽 형 두 자제분의 주례를 서 주는 동향애를 보여 주기도 한 것은 종택 후손 풍모의 한 모습일 듯싶다.

예향 짙게 풍기고 풍광 수려한 강릉 이야기는 삽화까지 곁들여 좀 길어졌으나, 어느 누구든 고향 자랑하고픈 마음 한결 같을 것이므로 넓은 혜량 있을 것으로 믿으면서 이 정도에서 그친다.

곽 형은 어려운 집안 사정으로 대학 4년 동안 입주 가정 교사로서 학창 생활을 마쳐, 대도시 출신들처럼 젊음의 낭만을 제대로 만끽하지 못하고 청춘을 보냈다.

곽 형은 우리 상대 입학 동기생 중 나이가 많은 편이있음에도 불구하고, 나이 든 티를 전혀 나타내지 않고 함께 어울리는 소탈한 면을 지닌 진품 감자바위였다.

대학 졸업 후에는 공인회계사 시험에 합격한 후 '국민은행'과 '한국농어촌개발공사'에 몇 년간씩 근무하였으나 적성이 맞지 않아 퇴사하고, 불의와 타협하지 못하는 올곧은 성격에 가장 적합한 직종인 회계사(會計士) 업으로 진로를 바꾸어 '안진회계법인'에 들어가 회계감사를 천직으로 삼아 이승을 떠날 때까지 고위 파트너로서 봉직하였다.

그러는 중에서도 젊은 한 때는 대학 은사인 이용준 교수의 조교로 있으면서 신뢰를 얻어, 이 교수의 대강(代講)으로 서울대생들에게 회계학을 강의할 정도로 실력을 갖춘 회계사였다.

곽 형은 한 번 마음먹으면 해 내는 성격으로 1년 365일 중 360일을 인도어에 나가 일 년 만에 골프 싱글 실력이 되었으며, 바둑도 1급, GS 클럽 실력도 1급 정도이며, 말년에는 사진 예술에 빠져 전시회를 목표로 실력을 쌓던 중 결실을 보지 못한 것이 유일하게 끝맺음 하지 못한 케이스였다.

본인은 시골 빈농 출신이지만 배우자는 명문여고, 명문여대 출신으로 한국은행에 다니던 서울 규수로서 그녀와 백년가약을 맺게 된 것은 천생 연분이 아닐 수 없다. 자식 농사도 잘 지어 맏이는 Y대학 졸업 후 벤처 기업을 창업하였으며, 둘째는 아버지와 같은 동문으로 대를 이어 공인회계사 시험 합격 후 미국 아이비리그 대학 MBA를 거쳐 지금은 홍콩에서 국제 금융인으로 실력을 한껏 발휘하고 있는 중이다.

곽 형은 파란만장한 인생역정을 힘들고도 슬기롭게 넘겨 고희되던 해부터 오로지 후반 인생을 즐길 일만 남았으나, 하늘에 계신 분은 또 다시 다른 데 쓰실 요량으로 먼저 부르신 것으로 여기면서 우리 모두 슬픔을 달래고 있다.

같은 병으로 한 해 건너 우리 곁을 떠난 문헌상 동문과 곽 형은 소모임 '송우회' 멤버 중에서도 매사에 가장 철저한 분들이었으나, 그 두 분에 비해 상대적으로 좀 덜 철저하고 헐거운(?) 성격의 우리는 두 분이 먼저 떠나는 것을 보면서 앞으로는 더욱 헐겁게, 더욱 느리고 비우는 마음으로 살아야 되겠다고 마음을 다스려 본다.

부디, 앞서거니 뒤서거니 하늘나라에서 다시 뵈올 그 날 까지 천상만복을 누리소서, 곽순동 학형!

〈2010. 10. 25〉

영성 선물

흑룡이 임진(壬辰) 년의 제 임무를 다 마치고 스멀스멀 저 산 너머로 꼬리를 감추는 세모의 어느 날, 대학 동창 송년회에서 있었던 일이다.

총회 안건 결의와 저녁 식사를 마치고, 고대하던 경품 추첨에서 오늘의 그랑프리인 송 화백의 그림 추첨 차례가 되었다. 이 작품은 송 화백이 최근 어느 여름날 해거름녘에 해미 천주교 성지 인근의 노을 지는 숲 속을 거닐 때, 영성을 강력하게 느껴 그 영성을 화폭에 담기 위하여 하룻밤을 더 묵고 그 다음 날 아침 햇살이 화사하게 비추는 숲길을 다시 찾아 나서 하느님의 영성을 그린 그림이라고 설명한다.

작가가 《해미 천주교 성지 근처에서》라고 제목을 붙인 이 작품은 좁은 숲길을 따라 연두색 햇살을 등 뒤로 받으며 영성이 앞쪽으로 피어오르는 듯한 신비스러움이 묻어나는 그림으로서, 영성을 느끼지 못하는 사람뿐만 아니라 그림에 문외한이라도 갖고 싶어할 만한 그러한 그림이다.

송 화백이 번호통 안에서 뽑아 낸 73번 번호를 부를 때 처음에는 내 귀를 의심하였으나, 입장하면서 받은 내 번호도 똑같은 번호로서, 백 대 일이 넘는 경쟁을 뚫고 받은 이 영성 선물은 신의 선물임에 틀림없으리라. 이때까지 살아오면서 내 평생 경품에 당첨되어 선물을 받아 본 것은 오늘 이것이 처음으로 기쁨이 그만큼 더 크다.

그렇지 않아도 오늘 아침 출근을 하면서 아내한테 저녁 송년회 이야기를 하고 나서 그림이나 하나 당첨되었으면 좋겠다는 나의 넋두리에, 거꾸로 아내로부터 이제는 모두 버리고 비우고 갈 나이에 웬 욕심을 그렇게 내느냐는 핀잔을 듣고 나왔으나, 내심으로는 그림 욕심이 아주 사라진 것은 아니었다.

송 화백은 대학 재학 때부터 동안(童顔)에 베레모를 비스듬히 쓰고 다니며 《대학신문》에 삽화를 그릴 정도로 이름을 날렸으며, 그 후 부산에 정착하여 사업에도 성공한 가운데, 평소 재능을 갈고 닦아 지금은 부산 수채화전 심사 위원장을 맡을 정도의 거장으로 우뚝 솟은 자랑스러운 동창이다.

송년회장에서 밝혀진 송 화백의 숨은 이야기로서는, 1960년 4·19 학생 혁명 때 동성고 3학년생이던 송 화백이 앞장서서 교실의 커텐을 찢어 본인이 직접 구호를 쓴 플래카드를 쳐들고 대학생들 숲에 끼어 경무대로 행진했을 때의 사진이 보훈처의 사료 조사에서 밝혀져, 금년 보훈의 날에 '건국보훈훈장'을 받았다는 내용이었다. 그 때 함께한 고교 동기 중 몇 명은 지금 수유리 4·19 묘역에 잠들어 있고 더 많은 학생들은 부상을 당했음에도 불구하고 송 화백은 그 당시 아무런 상처 하나 받지 않고, 50년이 지난 이제야 그 애국적 행동이 밝혀져 큰 상훈을 받게 된 것은, 그로 하여금 예술가로서의 붓끝을 곧추 세워 오늘을 사는 우리들의 영혼을 더욱 맑게 하려는 하늘의 뜻으로 여기지 않을 수 없다.

귀한 송 화백의 걸작품을 운 좋게 받고 보니, 대학 졸업 후 반세기 만에 만난 그의 인생 여정이 어떻게 흘러왔는지 새삼 궁금하여 대학 입학 기념 문집에 실린 '못 깨닫는 깨달음' 이란 제목의 선문답 같은 그의 글을 다시 읽어 보았다. 유머를 섞어가면서 시와 종교와 철학을 넘나들며 인생을 해탈하듯 나이 들어감의 깨달음을 읊은 그의 필재(筆才)는 어느 글쟁이에 못지않다.

그러한 송 화백이 성지 숲 속을 거닐며 느낀 영성을 그림 예술로 승화시킨 그 모습에서 예술혼과 신앙심을 동시에 감지할 수 있었으며, 더 나아가, 장기자랑 차례 때 그의 하모니카 연주는 상대 출신인 그의 재능이 미술에서 음악의 영역까지 넓어져 있음을 보여 주는 것이기도 하였다.

깊은 영성 없이 아내 따라 주례 행사처럼 미사에 참례하는 나한테 하늘에서 이처럼 의미 깊은 영성 선물을 내려 주신 것은 가난한 이웃을 더 따뜻하게 사랑하라는 신의 섭리로 여겨져 기쁨과 무거움이 함께 한다.

경품 받은 다음 날, 여러 해 동안 거실에 걸려 있던 눈 덮힌 시베리아 농촌 그림 액자를 치우고, 그 자리에 좁은 숲길에 연두색 영성이 묻어나는 푸르른 해미 성지의 숲 그림을 걸어 놓고 보니, 하느님의 영성이 거실 가득히 풍기는 듯하여 가슴이 절로 경건해 진다. 맑아진다.

〈2011. 12. 26〉

숭모의 글

1961년도 입학한 우리 대학 동기회에서는 지난해 입학 50주년을 기념하여《향상림의 꿈과 더불어》란 문집을 발간한 바 있다.

그 문집 발간 당시 대학 친목 소모임인 '송우회'의 회장 자리가 공교롭게도 내 순번이 되어 그 모임을 소개하는 글을 조금은 서정적으로 지어 문집에 실었다. 또한, 대관령을 넘나들며 학창 생활을 함께한 동향의 곽순동 학형이 몇 년 전 하늘나라로 먼저 떠난 후 인생의 무상함과 삶의 의미를 되새겨 보는 곽 형 추모의 글도 그 문집에 올렸으며, 사십여 년 전 젊음을 불사르던 사우디아라비아의 주베일 현장 근무 시절, 하늘 호수와 신기루 호수가 마주 보며 빚어내는 주홍빛 서녘 노을의 황홀함을 읊은 '아라비아사막의 노을'이란 내 졸시도 올려 있다.

올해 초 송우회 모임에서 문집에 실린 내 글들을 모두 읽어 본 우두헌 회원이 나름의 판단이 있었을 것으로 짐작은 되지만, 향리의 조상 묘역을 새로 조성하는데 그 비문을 나한테 지어 달라는 느닷없는 부탁에 황당스러울 수밖에 없어 일단은 거절하였었다.

어릴 적 향교의 장의(掌議)이시던 부친께서 고향 유림 분들과 나누시던 비문 이야기를 어깨 너머로 들은 바로는, 비문은 시문에 능해야 할 뿐만 아니라 인품도 있어야 한다고 알고 있는 나로서,

영남 양반가의 비문을 짓는다는 것은 언감생심 넘볼 수 없는 일이었다.

그렇지만 하룻밤을 지내며 다시 생각해 보니, 나이 들어가면서 남에게 모질게 대하지 말고 또한 비움과 나눔의 삶을 살아야 하겠다고 내심 수없이 다짐하고 있는 이즈음, 야박하게 거절하는 것도 벗에 대한 예의가 아닌 것 같아 마지못해 승낙하면서, 우 박사가 초안을 만들어 보내 주면 내용을 일부 수정하겠다는 선에서 그 청을 받아들였다.

그러나 목수가 집을 잘 지으려면 기둥과 서까래만 일부 고쳐서 잘 될 일이 아니듯, 집안 내력이 상세히 적힌 초안을 터파기부터 수정하여 내 호인 이원(梨園) 풍의 비문을 새롭게 짓기로 하였다.

어떻게 보면 강원도 출신이 영남 유림 단양 우씨 판서공파의 비문을 짓는다는 것도 가문의 영광이 될 수도 있으므로 우리 강릉 김씨 선비 집안의 이름에 먹칠이 안 되도록, 얼마 동안은 탄천을 걷고 산행을 하면서 머릿속으로는 오로지 글짓기에 몰입하여 일차 비문 안을 작성한 후 메일로 보냈더니, 건립 위원들의 반응이 좋다는 우 형의 답신에 적이 마음이 놓이게 되었다. 그 이후에도 단어 하나 토씨 하나 신경을 써가면서 그분들과 몇 차례 피드백 하여 최종적으로 확정하여 보내고 나니, 큰 논문 하나 완성한 기분이었다.

아무리 영남 선비 집안이지만 이 비문을 읽을 사람들은 신세대 후손들이므로 비문은 처음부터 한글체로 하기로 우 형과 합의하였다. 또한, 비문 맨 끝에 지은 사람 이름 새겨 넣는 것도 처음에는 극구 사양하였으나, 영남 유가(儒家)에서는 지은 이의 이름이 올라가야 한다기에 어쩔 수 없이 받아들이기로 하였다.

그러고 나서 출신도와 성바지가 다른 내 이름이 시인이란 허울을 달고 번성한 가문의 비문 맨 끝자락에 올라 인적 없는 묘역에서 영원 속에 갇혀 혼자 쓸쓸하게 남게 되리라고 생각하니 얼마나 외로울까! 가슴 한구석이 젖어왔다.

우 박사의 증조부모와 조부모의 훌륭했던 행적을 기리는 '숭모의 글'을 그대로 옮겨 본다.

숭모의 글

청강 우순기 · 배(配) 신포산

단양(丹陽) 우(禹)씨 28세(世) 손(孫) 순기(一名 敬基) 공은 1874년 가창면 백록마을에서 부(父) 우하성과 모(母) 경주 최씨의 차남으로 태어나신 이듬해 가솔 따라 상인동 채정마을로 이주하셨으며, 평산(平山) 신(申) 씨를 배필로 맞아 슬하에 4남 1녀를 두셨다. 공은 기골이 장대하고 인물은 준수하셨으며, 인의(仁義)와

충효(忠孝)의 삶을 사신 참 선비로서 근검, 배움, 나눔이란 고귀한 가풍을 우리 후손들에게 남기시고 1951년 동란 중 돌아가셨다.
부인 평산(平山) 신(申) 씨는 용모가 단정하시며 지혜가 뛰어나시고 사리에도 밝아, 가정경제를 손수 꾸리시고 집안 대소사를 하나 흐트러짐 없이 처리하셨다.

월봉 우상봉 · 배(配) 곽필분

상봉(一名 鐘鳳) 공은 1897년 청강 공의 장남으로 태어나셨으며 현풍(玄風) 곽(郭) 씨와의 사이에 3남을 두셨다. 공은 덕장의 풍모인데다 예지(叡智)와 탁월한 지노력을 겸비하셨으며, 추운 날 골암보 옹달샘 차디찬 물에 목욕재계하시고 제사 지내는 공의 효행은 우리 가문의 전설로 이어지며, 정의롭고 긍정적인 사고(思考)로 인재양성(人材養成)에 매진하시다가 1974년 가을 유명을 달리하셨다.
부인 현풍(玄風) 곽(郭) 씨는 언제나 참으로 후덕하셨고, 효부상을 사양할 정도로 겸손하셨으며, 원앙의 금슬 속에 지켜 오신 근검, 화목, 인내의 귀한 정신은 후손들 가슴에 영롱히 새겨져 내려오고 있다.

위 선조(先祖)들의 공덕을 기리고 올곧은 선비정신을 온고지신(溫故知新)으로 삼아 우리 우씨 가문의 아름답고도 소중한 내력이 대대손손 계승되기를 염원하면서, 임진(壬辰) 년 신록이 눈부신 오월, 조상들 영혼의 쉼터인 우록리 최정산 백록영모원 선영에 이 숭모비를 봉헌한다.

2012. 5. 15

경영학박사. 시인. 이원(梨園) 김기덕(金起德) 근찬

드디어 올해 5월 15일, 윤달의 손 없는 날을 택해 달성군 가창면 우록리 선영에서 제막식이 있었다. 서울에서 우 형의 초등학교 여자 동창생들을 비롯하여 중·고등학교, 대학교 동창 등이 대형버스 한 대가 만석 되게 참석하여 비석 제막을 축하해 주었다. 언제나 얼굴에 잔잔한 미소가 떠나지 않는 우 형의 우정의 끈끈함이 이번 행사의 사람 동원에서도 그대로 나타났다.

영모원의 산역 일은 이미 완성되어 있었고, 전날 비가 온 후 자글거리는 햇볕 받아 연녹색 이파리들이 반짝이는 청량한 오월의 봄 날씨는 필시 여기 누워 계시는 선조들과 우 형의 덕행에 대한 하늘의 축복이었으리라.

식장에서 나는 비문 작가로서의 예우로 상석에 앉고 보니 함께 내려온 대학 벗들한테 조금은 면구스러움을 느낄 수도 있었으나 어쩌랴, 이 엄숙한 의식의 호스트인 우 형의 처분에 따를 수밖에.

일체의 제막식 행사는 '재단법인 서울대학교 발전기금' 주관하에 이루어지고 있었으며, 서울대학교 총장 명의로 우 형의 부모님과 수년 전 곁을 떠난 부인 장성귀 여사의 묘비도 함께 제막되었다.

우 형 본인이나 학교 당국자 어느 쪽으로부터도 장학금 희사 사실이 사전에 알려지지 않아, 우 형의 숨은 나눔의 미행(美行)이 이런 자리에서 어쩔 수 없이 밝혀지게 되었다.

살아생전 돌아가신 선대 분들의 수발드느라 갖은 고생만 하시다가 먼저 하느님 곁으로 떠난 부인의 유해는 이곳 백록 선영에 묻고 그 한은 가슴에 묻고 난 후, 대학 문집에 '부모는 산에 묻고, 아내는 어디에?'란 사부곡(思婦曲)을 지어 올린 우 형의 애끊는 슬픈 마음이 영예스러운 서울대 총장 명의의 명문 묘비명으로 조금이라도 위로되기를 바라면서 그 비문을 옮겨 본다.

〈추모비〉

장성귀 여사

지극한 효성, 무한한 사랑
믿음으로 베푸셨네.
"여보, 수고했소. 고맙고 미안하오."
부군의 이 한 마디 가슴에 안고 안식을 취하소서.

2012년 5월 15일
서울대학교 총장 오 연 천

서울과 지방에서 운집한 많은 하객은 산기슭에서 푸짐하게 차린 점심을 나누고, 봉투에 넣은 촌지와 함께 귀한 선물까지 한 보따리씩 받아오면서 끝없이 베풀고 나누는 우 형의 진면목을 다시 한 번 체험하며 고마움을 느꼈다.

비록 성씨는 다르지만 몇 대 걸친 선조들의 영혼의 정원인 묘택에서 한나절을 보내고 버스에 올라 돌아오면서, 비가 온 다음 명징한 봄 하늘에 높이 떠 있는 푸른 구름 한 점 바라보니, 70평생 지나온 인생살이 점점이 떠오른다. 이렇듯 세월의 강물은 영원의 대해(大海)를 향해 오늘도 흘러, 흘러가고 있다.

〈2012. 5. 31. 임진(壬辰) 년, 신록이 녹음으로 바뀌는 계절에〉

* 다음번 송우회 부부 모임에서 내가 이 숭모의 글을 낭독하자 참석자들이 하나같이 숙연해 마지않았으며, 당사자인 우 박사가 묘비 제막식에 함께 참석했던 우리 대학 동기회 총무에게 이 글을 메일로 보내 주었다. 총무는 제막식 때 찍은 사진과 함께 이 글을 우리 대학 동기 카페에 올렸는데, 보통 카페에 글을 올리면 조회 수가 소수에 불과하나, 이 글은 수개월 카페에 올라 있는 동안에 조회 수가 333회나 되어 카페 조회 수에 있어서 전무후무할 정도로 많아서, 당사자인 우 박사나 묘비명을 쓴 나나 모두 어안이 벙벙할 따름이다.

아마도 이 글을 읽어 본 사람들이 또 읽고 하였을 테지만, 아무리 생각해도 그 정도로 조회 수가 많은 것은 지금도 궁금증을 자아내게 하고 있다.

어쩌면 우리 동기들도 고희를 넘기면서 점점 이러한 묘비명에 더 관심을 가질 나이가 되어가지 않나 라는 데 생각이 미치자, 마음속으로 한 가닥 서글픔이 서려온다.

〈2012. 12. 31〉

두타산 등반기

탯줄 끊고 이 세상 태어나 걸음마할 때부터 서쪽 하늘에 우뚝 높게 보이는 두타산은 어린 나에게 넉넉한 웃음 듬뿍 안겨 주는 어머니 젖줄 같은 산이었다. 초등학교에 들어가면 교가 첫 마디부터 두타산으로 시작하여 6년 내내 두타산과 한 식구가 되어 지냈다.

두타산 높이 솟아 동해를 열고
흉금이 상쾌스런 북평 넓은 들

초등학교 시절 나에게 두타산은 교가에서처럼 제일 높고 잘 생겼으며, 전천이 가운데로 흐르는 북평 들녘은 꿀물 흐르듯 비옥하고 호남평야처럼 넓은 들판으로 가슴 속에 심어졌다.

중학교 시절 두타산은 국어 시간에 배운 나다니엘 호손의 《큰 바위 얼굴》에 나오는 뉴햄프셔 주 캐논 산처럼 우리 뒷들 사람들에게 은혜를 베풀어 주는 축복의 산으로 인식하게 되었다.

이후 강릉으로 유학 가서 고등학교를 다닐 때 보면, 강릉 사람들에게 대관령은 옛적 영 넘어 한양으로 과거 보러 다닐 때와 마찬가지로 좁은 강릉 땅을 벗어나 더 넓은 세계로 나가는 동경의 문으로서 대관령을 떠나서 강릉인을 이야기할 수 없음을 알게 되었고, 동해인인 나는 두타산이 어느 결에 대관령과 오버랩 되어 두타산은 서울과 세계로 뻗어 나아가는 관문으로 꼭 밟고 넘어야 할 산으로 마음속 깊이 다져지고 있었다.

기왕 고향 영산(靈山)인 두타산에 관한 글을 쓰기로 한 이상 두타산의 어원을 간단히 살펴보면, 두타산의 '두타(頭陀)'는 불교 용어인 산스크리트어(범어:梵語)로 '탐욕과 집착을 털어 버리고 심신을 수련한다'는 의미라고 한다.

지금도 두타산 자락에 자리 잡은 신라 고찰 삼화사와 천은사에는 천 년 가람의 향기가 배어나고 있으며, 조선 중기까지만 해도 계조암, 대승암 등 10여 개의 크고 작은 절들이 두타행을 온 수행자들을 품어 안아 주었다고 전해진다.

전쟁으로 피폐된 어려웠던 시절, 매월당의 직계손인 나는 대관령을 넘어 선망의 땅 한양에서 대망의 대학생이 되자, 동해인에게는 모산(母山)과 같은 두타산을 오르기로 마음먹었다.

마침내 1학년 여름 방학 때 고향 죽마지우 두 명과 함께 용추폭포에서 텐트 속 1박 하고 간단한 등산 장비를 갖추어 오로지 젊음을 무기 삼아 정상을 향하여 일약 오르기 시작하였다.

한 두 시간 쯤 지나자 산 아래에서부터 안개가 서서히 피어 오르기 시작하더니 삽시간에 온 천지가 안개로 갇히어 동서남북을

분간 할 수 없게 되자, 우리들은 와락 겁이 나기 시작하여 방향을 모른 채 산 아래로만 허겁지겁 내려오니 가까이서 냇물소리가 들리기 시작하였다. 그 때의 그 반가움이란 반세기가 지난 지금까지도 생생하며, 생명수인 양 냇물을 실컷 마시고 한참 아래로 내려오니 출발지인 용추에 다다르게 되었다. 이렇게 무모하게 시작했던 1차 두타산 등반 시도는 산의 무서움만 뼛속 깊이 경험하고 실패로 끝났다.

대한민국이 전쟁의 상흔 속에 가장 가난한 나라에서 G-20 의 장국으로 도약하는 데 최 일선 첨병으로 몸을 불태우며 중장년을 보내던 지난 반백년의 세월 속에서도 고향 두타산 등반의 꿈은 내 마음속에 늘 도사리고 있었다.

마침 마지막 보직이 될 새 사무실에는 등산 매니어들이 여럿 있어서 자연스럽게 두타산 등반 이야기가 나오게 되면서 내 마지막 등반 불씨의 심지를 건드리게 되었다.

금년 현충일을 D-데이로 정하여 1차 탐색대가 현지 답사도 하고 나도 그 사이 관악산, 매봉산을 몇 차례 오르면서 근력을 기른 후, 정해진 날 버스 한 대로 목적지를 향해 힘차게 출발하였다. 하장면 댓재 펜션에서 1박 후 새벽같이 등반 장비를 갖추어 댓재 정상 800m 고지에서 오르기 시작하여 너댓 시간 강행군 끝에

1353m의 두타산 정상에 당도 하였다.

막상 잘 닦인 백두대간 등반로를 따라 정상을 향해 힘겹게 발길을 옮기며 동쪽을 바라본 즉, 청명한 봄 날씨임에도 동해바다만 희미하게 보이고, 넓은 뒷들과 그 젖줄인 전천은 시야에 들어오지도 않고 다만 생가의 노송, 모교 초등학교의 벚나무, 중학교의 미루나무는 마음 속 추억의 눈으로만 보일 뿐이었다.

일행이 모두 올라온 후 '두타산' 정상석을 배경으로 하여 기념사진을 찍고 배낭 메러 가는 도중, 다리에 힘이 빠진 나는 아주 작은 돌 뿌리에 발이 걸려, 나름 운동신경이 있다고 자부하며 살아온 나로서도 세월 앞에는 장사가 없는지 어떻게 손을 짚을 겨를도 없이 찰라적으로 앞으로 넘어져 머리가 작은 돌에 부딪히면서 콸콸 피가 흐르기 시작하였다. 곧 바로 누워 동료들이 지혈작업을 하였으나 흐르는 피는 멈추지 않고, 나는 순간적으로 아! 이렇게 내 생이 마감될 수가 있겠구나 하는 공포심이 엄습하였다. 산 정상에 비치된 구급함에서 압박붕대를 찾아 지혈에 성공하는 한편, 119로 구조 요청한 헬리콥터가 약 한 시간 반 만에 도착하여 최정상 헬기장에 누워 있던 나는 그 자리에서 헬기로 옮겨 타고 동해병원에 이송되어 간단한 응급조치 후 앰뷸런스로 서울 삼성병원 응급실에 도착하여 정식 치료를 받게 되었다.

시간이 지나 다시 생각해 보니, 부상 정도가 심하여 뇌출혈이 되었다든지 또는 하산 도중 급경사에서 사고가 났더라면 어떻게 되었을까? 오직 아찔할 따름이며, 이 모두 고향 어머니 품인 두타산이 나에게 베풀어 준 마지막 은혜로 여기지 않을 수 없었다. 이것이 나의 두타산 2차 등반 실패 전말기이다.

70평생 고향의 수호신인 두타산 등반을 가슴 속 소망으로 안고 살아오면서, 이번이 어쩌면 내 생에서 마지막 기회일 것이라고 생각하며 악전고투 끝에 정상에 올라 비록 인증샷까지는 찍었지만, 일생일대에 죽음 직진까지 가 보고 난 지금 나 스스로 반성의 글을 쓰지 않을 수 없다.

'내가 너무 무모했구나, 자신을 너무 과신했구나, 나이 일흔 넘은 것을 마음속으로 결코 인정하지 않는구나, 아내 말을 너무 귀 흘려 듣는구나, 고향을 위해 해 놓은 것이 하나 없구나, 가난한 이웃 사랑이 너무 없었구나, 하루하루 삶 속에서 창조주에 대한 감사의 마음이 너무 적었구나,' 등등 반성할 점이 꼬리에 꼬리를 물고 이어진다.

이제 앞으로 여유를 갖고 고향 땅을 다시 밟게 된다면 두타산에 대한 외경의 마음을 가슴속에 깊이 새긴 가운데, 무릉계곡에 들러 아버지 손때 묻은 '금란정' 현판 만지면서 아버지 체취 다시 맡아 보고, 반석에 새겨진 양사언의 일필휘지 감상하고, 삼화사에 들러 능소화와 배롱나무 꽃 중 어느 것이 더 붉은지 관찰하고, 학소대 쳐다보며 용추폭포에 올라 옛날 이무기 전설 이야기 되뇌면서 두타산 치맛자락이나 샅샅이 뒤져 볼 요량이다.

〈2012. 6. 15〉

두타산 등반기 후기

두타산 등반사고 후 출근한 지 얼마 지나지 않아 전 직장 토목 임원 여럿이 위문 인사 차 사무실로 찾아 왔을 때, 짜장면 한 그릇 대접하기에는 좀 부족한 것 같아 그들에게 방문 선물이라고 하면서 두타산 등반기를 한 부 씩 나누어 주었다.

그 다음 날, 그들 중 한 임원이 독후감을 이메일로 보내왔다. 모두 토목 엔지니어들이므로 글과는 거리가 좀 멀 것으로 인식하고 있었는데, 그 임원의 글을 읽어 보는 순간 내 글에 대해 스스로 부끄러움을 느낄 정도의 청출어람(靑出於藍)으로 높이 평가되어 여기 그대로 옮겨 본다.

다만, 토목 임원들이 모두 내 직속 부서에 소속되지는 않았지만, 그래도 같은 일터에서 오랫동안 한솥밥을 먹은 인연으로 그 임원이 나에 대해 좀 후하게 써 준 그 글을 그대로 옮겨 적음에 대해 조금 주저되기도 하였으나, 그 임원의 글 중 서산대사의 글이라고 인용한 시가 인생 후반기를 살아가는 우리들한테 너무 가슴에 와 닿아 수정 없이 올려 본다.

다만 '서산대사의 글이라고 인용한 시'로 표현한 데는 나름대로 사연이 있다. 최근 어느 신문에서 성균관대학교의 안대희 교수가 쓴 칼럼을 읽어 본 즉, 그 임원이 메일에서 인용하였고, 일반 독자들도 서산대사의 시라고 알고 있는 그 작품은 사실은 서산대사의 글이 아니고, 정조 때 《임연당별집》에 수록된 이양연의 '야설

(野雪)'이란 제목의 시라고 소개하고 있다. 나 같이 한시에 문외한인 사람들한테 서산대사면 어떻고 이양연이면 어떠하리. 시문이 내가 살아가는데 자양분이 되어 주면 족할 것이며, 다만 안 교수의 해설 때문에 사족이 좀 길어졌을 뿐이다.

〈두타산 등반기를 읽고〉

회장님의 두타산 등반기를 재미있게 읽었습니다.

곳곳에 배어 있는 회장님의 인생역정과 고향을 그리워하고 사랑하는 마음을 느낄 수 있어서 즐거웠습니다.

소시적 품었으나 날씨 때문에 실패하였던 고향 영산에 대한 등정의 꿈을 잊지 않고서 일흔의 연세에 도전하여 정상 정복에는 성공하였으나, 등정 중에 일어난 사고를 남의 탓이나 운수 탓으로 돌리지 않고 스스로 반성하고 앞으로 생활의 길잡이로 삼는 그런 점이 후배들에게 크게 귀감이 될 일이라고 생각됩니다.

특히, 회장님께서 저희들에게 하신 말씀 중에 후배들에게 뭔가 교훈이 되고 도움이 될 만한 것을 남겨 주고 싶다고 하시는 것에서 많은 감명을 받았습니다. 그리고 이 대목에서 서산대사의 시가 생각났습니다.

踏雪野中去(답설야중거): 눈 덮힌 들판 길을 걸어 갈 적에
不須胡亂行(불수호란행): 모름지기 그 발걸음을 이리저리 걷지 마라
今日我行跡(금일아행적): 오늘 걷는 나의 발자국은
遂作後人程(수작후인정): 반드시 뒷사람의 이정표가 될 것이니. (서산대사)

회장님께서 동부건설에서 이룩하고 남긴 모든 것들이 후배들에게 이정표가 되고 있습니다. 이 이정표는 이리저리 걸어간 발자국이 아니라 목표를 향해 한 방향으로 나아갔던 그런 발걸음이기에 이룩한 성과를 이해하기가 쉽고, 따라가기가 쉬워서 표본이 되는 것이라 생각합니다.

늘 큰 바위 얼굴을 바라보고 살아왔던 어니스트가, 어느 날 자신이 큰 바위 얼굴이 되어 있었던 것처럼, 이제 두타산을 생각하면서 살아오신 회장님이 그 산처럼 후배들의 병풍이 되신 것 같습니다. 그런 회장님을 존경하고 사랑합니다.

등반기 말미에 말씀하셨듯이 이제부터 여유를 가지고 고향산천을 관조하고 마음먹은 대로 행동하셔도 아무런 문제가 생기지 않을 것이라고 감히 생각해 봅니다. 이미 회장님은 공자님께서 말씀하신 종심소욕불유구(從心所欲不踰矩)의 경지에 오르셨으니까요.

항상 건강하셔서 그 동안 이룩한 성과와 인생의 유익한 말씀들을 후배들에게 그리고 이웃들에게 오랫동안 전해 줄 수 있기를 기원합니다.

〈2012년 여름. 강OO 상무 드림〉

백만 송이 장미

지난 주말 성당《매일미사》내용 중 '오늘의 묵상' 란에는 러시아 노래 '백만 송이 장미'의 가사가 실려 있었는데, 그 번안곡은 심수봉 가수가 불러 히트했던 노래이다.

> 먼 옛날 어느 별에서 내가 세상에 나올 때
> 사랑을 주고 오라는 작은 음성 하나 들었지.
> 사랑을 할 때만 피는 꽃, 백만 송이 피워 오라는
> 진실한 사랑을 할 때만 피어나는 사랑의 장미.
> 미워하는 마음 없이, 아낌없이 사랑을 주기만 할 때
> 백만 송이 꽃이 피고, 그립고 아름다운 내 별나라로 갈 수 있다네…

성당에서 미사 전, 가슴 울리는 이 묵상 글을 읽는 순간, 수개월 전 대학 동기 김인호 교수의 어부인이자 소설가인 박 아나다시아로부터 받은 편지 내용이 얼핏 뇌리에 떠올랐는데, 이 노랫말과 그분의 편지 내용이 모두 사랑을 배경으로 한 아름다운 영혼의 노래였기 때문일 것이다.

나는 일 년 전, 대학입학 50주년 기념문집 발간 당시 편집위원 중 한 사람으로 김 교수의 원고를 미리 읽어 볼 기회가 있었는데, 그 내용이 대학 교수로서의 논리 정연함은 차치하고라도 삶의 굴곡 때마다 절대자에 대한 절대적인 믿음에, 같은 신자로서 깊은

감명을 받은 바 있었다. 책이 발간된 후에도 두어 번 더 읽고 나서 그 깊은 영성에 나 스스로를 되돌아보며 부끄러워했고, 그 사이 자주 교유를 하지 못한 아쉬움을 지니고 있을 즈음, 이심전심인지 우리 두 사람이 모두 잘 아는 지인으로부터 내 근황을 듣고, 안부 전화와 함께 연구 논문도 메일로 보내왔다.

대화 중, 대학 카페에서 내 '숭모의 글'을 읽어 보았느냐고 물어본 즉, 아직 읽어 보지 못했다고 했는데, 나와의 통화 후 본인과 부인 두 분이 함께 읽어 보고 나서 부인인 박계형 아나다시아 소설가는 본인의 최신 소설《환희》상 · 하 두 권과 함께 몇 편의 칼럼과 편지지에 쓴 친필 서한을 보내왔다.

편지를 몇 번이나 읽어 보니, 어쩌면 영성의 깊이가 이렇게 다를 수가 있을까 내심 경외감을 갖지 않을 수 없었다. 평소에 시간관계상 소설을 잘 읽지 않음에도 불구하고 이 장편소설 두 권은 단숨에 읽고 나서 짧은 독후감을 답신 메일로 보내 놓고 숙제를 다 한 기분으로 지내면서 집사람 꽁무니를 따라 주말마다 성당에 다니다가, 마침 오늘 '백만 송이 장미' 묵상글을 접하게 된 것이다.

이 묵상글을 읽고 난 후, 불현듯 박 아나다시아의 편지글은 종교색을 떠나 사랑의 바이러스를 널리 퍼뜨렸으면 좋을 것 같다는 생각에서 대학 카페에 올린 바 있다. 그 편지글과 그분에게 보낸 나의 세속적인 답신도 김 교수 부부의 명예에 흠결이나 가지 않을까 내심 걱정하면서 함께 올려 본다.

+찬미예수

AD 2012. 7. 23 일

성 아폴리 나리스 주교님 축일에.

+김기더 회장님께

안녕하세요?

제 부군이신 김 교수님이 하두 여러 번 얘기하셔서 비록 뵙지는 못했지만, 친근한 느낌을 가지고 있습니다.

제가 지은 소설책《환희》와, 컬럼 몇 개 뽑아서 보내드립니다. 재미있다고들 하시니 심심풀이로라도 읽어 주십시오. 영국에서《a life》란 타이틀로 출간되었고, KBS 라디오에서《임종》이란 이름으로 낭독 되었었지요. 원래의 제목이 임종이었었는데, 개제하였습니다.

이 책은 그냥 제가 쓴 게 아니고, 주님께서 관여하셨다, 라고 믿고 있기 때문에 보내드립니다. 도움을 드릴 수 있다, 라고 생각하고 있기 때문입니다.

꽤 오래 전, 어느 날 밤(사순절 시기였습니다) 황홀경 안에서 제가 주님을 만났습니다. 감히 기대 못했던 일인데, 그분이 저를 찾아 오시어, 자신이 누구이심을 직접 가르쳐 주셨습니다. 그 분은 참으로 살아 계신 하느님의 아들이심을 제가 알게 된 것입니다.

지금 너무나도 세상이 뒤집혀져 있어 성교회에서조차도 그 분의 말씀과 다른 것을 전하고 있습니다. 너무나 안타까운 일입니다.

저는 그분을 만난 것을 제 인생의 최대의 성과로 생각하고 있습니다.

이제 우리들에게 남은 여생이 얼마의 세월일지는 모르지만, 지나간 세월이 이토록 빨리 지나쳐 버렸다면, 앞으로 남은 우리들의 시간들은 얼마나 더욱 빨리 사라져 버리겠습니까. 슬픈 이야기지만, 우리들의 무덤이 저 앞에 보이는 듯합니다. 우리가 세상에서 하여 온 모든 일들이 다 헛되고,-버리고 가야할 산적들이겠지만,-주님을 위해 수고한 부분들만은 반드시 거기에 대한 상금을 우리는 받게 될 것입니다. 일장춘몽이라는 표현처럼 인생은 참으로 짧고 덧없는 곳이지만, 그러나 인생은 참으로 중요한 대목입니다. 우리가 이곳에서 어떻게 살았느냐에 따라, 영원한 행복을 받을 수도 있고, 영원한 지옥고의 벌을 당할 수도 있습니다. 아직도 우리들에겐 그분을 위해 일할 수 있는 시간이 있다는 것이 얼마나 감사한 일인지 모르겠습니다.

'자비를 행하는 자는 자비를 입으리라.'고 주님께서 말씀하셨습니다.

'너희가 내 이름으로 가장 보잘것없는 자에게 주는 것이 곧 나에게 주는 것이다.' 라고 하신 주님의 말씀이 저에겐 항상 머리 위에 이어져 있습니다. 주님은 가셨지만, 가장 보잘것없는 사람들은 얼마든지 우리 주변에서 만날 수 있다는 것이 몹시 위안이 됩니다.

자선 그 자체로는 구원받을 수 없지만 예수님의 이름으로 행하는 자선 안엔, 하늘과 땅의 복이 함께 들어옵니다.

15기도문, 하나 보내드립니다. 너무나 좋은 기도문입니다.

이 기도문을 시작한 첫날, 저는 주님을 만났습니다. '하느님'의 평화라는 것을 맛보았습니다. 전 세계의 가톨릭 신자들이 바치고 있는, 믿을 수 있는 기도서입니다. 가톨릭의 성인성녀들을 통하여 주신 기도문이기 때문입니다.

더 필요하시면, 김 교수님 통하여 알려 주십시오. 오히려 큰 환희를 느끼며 계속 보내드리겠습니다.

주님께서 우리들을 영원한 벗들로 묶어 주시기를 진심으로 기도드립니다.

안녕히 계십시오.

아나다시아 박계형 드림

〈답신〉

김 교수, 박 아나다시아 소설가 내외분께

염천(炎天)이 절정을 이루고 있습니다.

평소 김 교수와 그렇게 교유가 깊지 않았음에도 불구하고, 뜻밖에 보내 주신 박 아나다시아의 친서와 주옥같은 칼럼들과 소설을 받아 읽고 '환희'가 마음속으로 끓어올라, 김 교수 같은 분이 나의 대학 동창이라는 것도 그분의 역사일 것으로 믿어 의심치 않아 다시 한 번 그분께 감사를 느끼고 있습니다.

아나다시아의 편지를 몇 번이나 읽어 보고, 아내와 주말에 다니러 온 자식들에게도 읽어 보게 하였습니다. 신앙인으로서의 삶의 지표 같은 글로서 사무실에 갖다 놓고 마음이 오만해지거나 산만해질 때 읽고 또 읽어 볼 요량입니다.

여름휴가 중에는 《환희》 상 · 하권 읽느라고 시간 가는 줄 몰랐습니다. 우리 세대와 동시대의, 우리가 겪었던 일들의 줄거리로 행간 사이에는 수미일관되게 영성이 늘 함께 하고 있었습니다. 아주 오래 전에 읽었던 크로닌의 《천국의 열쇠》와 한무숙의 《만남》을 떠오르게 하는 소설이었습니다.

애잔한 사랑의 이야기는 우리들이 대학 저학년 때 낙양(洛陽)의 지가(紙價)를 올렸던 김형석 교수의 《영원과 사랑의 대화》 중 맨 마지막 장인 '고독과 사랑의 장'(章)을 회상하게 하였습니다.

김형석의 글과 다른 점은 신부와 수녀가 뒤바뀌고, 환희에서는 사랑에 성공하지만 그 책에서는 플라토닉 러브로 끝나서 반세기가 지난 지금까지도 아린 기억 속에 머무르고 있습니다.

소설의 제목도 무거운 느낌의 '임종' 보다는 '환희'가 한결 나은 것 같으며, 이 소설에서는 재미와 영성을 함께 느끼며, 이런 좋은 책을 읽을 기회를 주신 그분의 은총에 다시 한 번 고마움을 느낍니다.

'15기도문'도 곁에 두고 읽으면서 얕디얕은 내 영적 생활에 윤기 나는 샘물이 흐르도록, 내 깜냥에는 노력토록 해 볼까 합니다.

맺음말은 아나다시아 편지의 마지막 구절이 너무 절절하여 그대로 인용해 보려는 나의 마음을 혜량해 주시기 바랍니다.

'주님께서 우리를 영원한 벗들로 묶어 주시기를 진심으로 기도드립니다.'

염천이 아무리 무서운들, 저만치서 들려오는 서늘한 발자국 소리에 놀라 조만간 물러날 것입니다. 안녕히 계십시오.

〈2012. 8월 초, 더위의 절정 날. 김기덕 바오로〉

나의 중앙경리단 시절

이태원에 위치한 '중앙경리단'에 부대 배치를 받은 것은 1965년 겨울, 살을 에는 추운 어느 날이었다. 경리단은 이름 그대로 상고 또는 은행원 출신들이 많이 배속 받는 부대였으며, 나는 그때 회계사 시험에 합격한 이후였으므로 그 자격증 덕분에 그 부대에 배치 받았으려니 하고 막연히 생각하고 있을 따름이었다.

이에 앞서 나는 그 당시 공인회계사란 명칭 대신에 '계리사'라고 불리던 시절, 그 시험에 합격 후 제1회 계리사 경리장교에 지원하여 합격했었다.

하지만 복무 기간이 장교는 4년이고 사병은 3년이었으므로, 1년이라도 더 단축하는 것이 입대 전 근무하던 첫 직장에 복직도 빨리 되고 인생도 그만큼 더 연장되리라는 단순한 생각에 사병 입대로 결정하였으나, 이 결정이 그 이후 내 인생 행로에 얼마나 큰 영향을 줄 것인지를 그때는 예견하지 못했다.

제일 먼저 부닥친 것이 장교 시험에 함께 합격한 이웃 대학 출신 채 소위가 장교 교육 마치고 같은 주계과(主計課)에 배치 받으면서 볼 때마다 깍듯이 거수 경례를 해야 하는 처지인데도 손이 제대로 머리 위로 올라가지 않았으며, 그 당시만 해도 출신 대학 프라이드로 가득 차 있던 나로서는 이 경례 자체가 사병을 선택한 첫 번째 후회로 다가왔다.

이후 사회 생활 하면서 젊은 사람들한테, 특히 교수 시절 학생들에게 대학 출신들은 한 인간으로서의 품격과 리더십을 위해서라도 가급적 장교 복무를 권하였으나, 상대하는 젊은이들은 귀담아듣지 않는 모습들이었다.

논산훈련소 신병 교육 시절, 어릴 적 부엌에서 고사 지내고 그 고사 떡 먹던 꿈을 몇 번이나 꿀 정도로 배고픔을 겪은 후, 새 부대에서의 이등병 시절 식사 당번 때 국통에 들어 있는 고소한 돼지비계를 다른 사람 몰래 국자로 훔쳐 먹고 채 반 시간도 지나지 않아, 배 안에 찌꺼기 하나 남김없이 주룩주룩 설사하던 기억이 반세기 지난 지금까지도 희한하게 그리움으로 변하여 생생하게 떠오르기도 한다.

또한 일등병 시절, 어스름이 부대 주위를 감쌀 시간에 그날 첫 번째 동초 경계를 맡은 지역이 공교롭게도 내가 근무하는 주계과 뒤편이었으며, 사무실 안을 기웃하며 들여다 본 즉, 고참병들이 바둑을 두고 있기에 바둑 구경 유혹을 뿌리치지 못하여 총을 둘러메고 사무실로 들어가 구경에 넋이 빠져 있다가, 순찰 나온 당직 장교한테 꼼짝없이 걸려 나 때문에 우리 내무반 전원이 연병장에 집합하여 스무 번을 도는 단체 기합을 받은 적도 있었다.

그 당시 이 부대는 기합이 아주 센 부대였으므로 만일 내가 다른 사병들 같았으면 단체 기합 후 따로 심하게 빳다(?)를 맞았을 것이나, 나는 그나마 학창 시절 구기를 잘한 실력을 발휘하여 내무반 대항 축구, 배구, 탁구 시합 등에서 늘 우승해서 우리 내부반에 막걸리 선물을 듬뿍 안겨 준 보답으로 개인 기합은 받지 않은 것을 생각하면, 지금도 후~ 하고 안도의 숨이 나온다.

그렇지만 그 동초 위반 사건으로 인하여 나로서는 삶에서 책임감이란 참으로 중요한 덕목이며, 빅토르 위고의 유언장에서조차 신과 영혼과 함께 언급한 '책임감'을 뼛속 깊이 통감하게 된 계기가 되었다.

한편 위고의 유언장에서 책임감을 입증하는 사례는 최근 관람한 '레 미제리블' 영화에서도 찾아 볼 수 있었다. 감옥에서 탈옥한 후 우여곡절 끝에 시장이 된 장발장이 끝까지 자기를 쫓아다니는 자베르 경감을 외나무다리에서 만나 원수나 다름없는 자베르를 보고 경찰 본연의 책임감에 충실한 사람이라고 독백하는 대목에서, 불란서 혁명 시절 위고가 말한 책임감이 두 세기가 지난 후 나의 군대 시절과 직장 생활로 이어져 지금까지도 그 중요성이 변하지 않고 있음을 시사해 주고 있다.

이왕 바둑 이야기가 나온 김에 바둑 얘기를 더 해 보면, 대학생활 4년 동안 대부분의 학생들은 바둑과 당구를 취미로 즐겼으나, 나로서는 주머니 사정이 허락치 않아 당구는 당구장 근처에도 가

보지 못한 형편이었으며, 바둑 또한 가정 교사 등으로 시간이 늘 부족하다는 심적 압박으로 바둑돌도 잡아 보지 못하였다. 그 때만 해도 당구 못 치는 것은 그렇게 아쉽지 않았으나, 바둑을 전혀 못 둔다는 것은 몹시 아쉽게 생각되고 있을 때였다.

상과 대학에서 늘 생산성, 효율을 배운 나로서는 군 생활 3년이 완전히 까만 암흑색으로 묻히는 것이 인생을 너무 비효율적으로 사는 것만 같아, 이 기간을 통해 바둑 하나만이라도 제대로 배워 나갈 수 있다면 군 생활을 조금이라도 효율적으로 보내는 것이라는 나름대로 생각에서 시작했는데, 바둑을 18급 처음부터 배우면서, 내 스타일인 몰입도가 지나쳐 사무실에서 바둑 구경하며 총 메고 보초서는 어처구니없는 짓까지 저질렀던 것이다. 그 이후 고참병이 되어 바둑 둘 여유가 많아지고, 특히 사우디 현장 근무 시절 시간이 많이 나서 나름대로 열심히 배워 지금은 자칭 4~5급(?) 실력이라고 자랑하고 있으나, 사우디아라비아로부터 귀국한 뒤로는 아직 한 번도 바둑판을 대하지 못하고 있는 우물 안 개구리 실력일 뿐이다.

병장 계급을 달고 나서는 월남 파병 인원이 급증하여 그들의 봉급 취급을 우리 부대에서 하게 되었다. 군인들만으로는 그 업무량을 감당하지 못하게 되자 많은 군속이 우리 부대에 증원되면서 군기가 세기로 이름난 우리 부대에서도 기합이 사라지게 되어, 수없이 맞았던 빳다도 후임병들에게 한 대도 때리지 못하고 제대하게 되었다. 물론 그러한 환경 변화가 없었더라도 내 주제에 졸병들에게 침대봉을 들고 기합을 줄 위인이 못되리라는 것은 나 스스로 더 잘 알고 있으므로, 기합 못 준 것이 그때나 지금이나 아쉬울 것은 하나도 없다.

한편 우리 주계과에 배속된 몇몇 여군속들이 제대 말년 병장인 나에게 보내는 눈빛이 예사롭지 않은 느낌을 받은 것은 나의 과대망상증인지 아닌지는 지금까지도 분간이 잘 되지 않는다.

제대할 무렵 우리 과의 고대 출신 박 소위가 행정 고시에 합격하여 PX에서 축하 회식이 있었다. 그 당시 딱 2년 동안 행정 고시 과목에서 공인회계사 시험 응시 과목을 면제해 주는 제도가 있었는데, 영내 거주하는 사병인 나는 그러한 정보를 까맣게 모르고 있었으나 영외 거주인 박 소위는 회계사 응시 과목을 면제받고 세 과목만 응시하여 합격했던 것이다.

그 회식 자리에서 박 소위한테 왜 그런 시험 정보를 나한테는 알려 주지 않았느냐고 어필해 보았으나, 강력한 경쟁자인 나한테 왜 정보를 알려 주어야 되느냐는 대답만 돌아왔다. 더 할 말이 없었다. 박 소위는 나중에 중앙 부처의 청장까지 올라갔으나, 그 이

후로 그에 대한 내 마음은 그리 편치 않았다.

결국 장교 대신 사병으로 입대한 것이 당시 나한테는 엄청난 충격으로 다가왔다. 물론 과목 면제라고 꼭 고시에서 합격하리라는 보장은 없었으나, 헌법, 행정법, 행정학 세 과목은 평소 내가 그렇게 어렵게 생각하지 않았던 과목들이었으므로 그 당시 내 젊음의 열정으로는 충분히 합격이 예상될 듯싶어 지금 생각해도 사병 선택은 너무 아쉬움이 많이 남는 기억이다.

그렇지만 45년이란 긴긴 사회 생활을 지금까지 하면서도 내 삶의 궤적을 되돌아보면 참으로 무엇이 현명한 선택이었는지는 알 수 없다. 만일 그 때 장교로 임관하여 박 소위처럼 고시에 합격해서 고위 공무원이 되었더라면 가문의 영광이 되었을지는 몰라도 진즉 은퇴하여 지금쯤은 다른 삶을 살고 있을 것이다. 또한 사기업에서 열사의 사막 위에 온몸을 내던지며 산업화에 일조도 못했을 뿐만 아니라 어렵사리 학위를 받아 정교수로 대학 강단에 서보지도 못했을 것이며, 일흔 넘어서까지 모(母)그룹의 방계회사 최고위직까지 올라 활발히 사회 활동도 하지 못하고 있을 것이다.

이렇듯 인생은 참으로 묘한 것이어서 달리 사자성어를 빌리자면 새옹지마(塞翁之馬)이고, 신앙인의 눈으로 보면 이 모든 일이

신의 섭리일 것이리라 여겨진다.

임진년이 저무는 12월 초 주말의 해거름, 매서운 한파 속에 장설이 덮힌 아파트 정원을 내다보며, 이제는 하얗게 빛바랜 3년간의 군대 생활 영상이 문득 떠올라 먼지 싸인 병영 창고에서 그리움 묻은 그 시절 추억 한 줌 건져 올려 본다.

〈2012. 12. 초. 반세기 전, 부대 배치 받던 날, 느꼈던 추위와 비슷한 날에〉

사부곡(思父曲)

얼마 전 '고향의 소리'란 내 졸시에 실을 만한 삽화용 사진을 북평 형님께 부탁하여 우편으로 두 장 받았다.

한 장은 15년 전 돌아가신 어머니 사진으로 양철지붕 옛집을 배경으로 한 것이며, 어머니 살아 생전 나도 여러 번 보았던 사진이다. 또 한 장은 40여 년 전, 예순여섯으로 이승을 떠나신 아버지 사진인데, 같은 옛집을 뒤로하여 여름 삼베 한복을 곱게 차려 입으시고 나무의자에 옆모습으로 앉아 인생을 관조하듯 앞을 조용히 바라보시는 처음 보는 사진이다.

그 사진을 대하는 순간 말로 표현할 수 없는 감정이 가슴 속에 뭉클 솟아오르는 것을 느낄 수 있었다. 삶의 무게에 눌려 내 의식에서 실종되었던 아버지란 존재가 내 영혼의 슬픈 눈으로 바라보는 지금 나에게 산더미 같은 그리움의 대상으로 다가온다. 손주들까지 본 나에게도 고향을 지키셨던 아버지란 이름의 바위 같은 존재가 있었던 때가 있었구나! 어떻게 그렇게 실존 자체마저 까맣게 잊어 버릴 수가 있었단 말인가! 근래 몇 년째 시를 쓴답시고 '사모곡(思母曲)'을 비롯하여 간간이 어머니에 대한 그리움의 편린을 쓴 적은 있었으나, 아버지에 대한 글 하나 없는 것이 이 사진으로 하여금 아버지께 크나큰 죄스러움으로 다가왔다.

그 사진 한 장이 사십 년을 거슬러 올라가 시간 개념 없는 영원 속에 살고 계시는 아버지와 이승에 남아 있는 막내아들과의 영혼의 교신이 이루어지게 했다.

"아버지, 하늘나라에서 그동안 별고 없으셨는지요? 어쩌면 꿈에서조차 그렇게 보이지 않으셨는지요? 불초, 일흔이 넘어 이제야 철들어 아버지 살아 생전 행적들을 후손들에게 글로 남김으로써 저의 불효를 조금이나마 덜어 보려고 합니다."

아버지께서는 국운이 쇠하여 풍전등화 같던 구한말인 1909년 정월, 매월당 김시습의 15대 손으로 김원경과 강릉 박 씨 여실과의 사이에 2남 2녀 중 장남으로 태어나셨으며, 1918년 개교한 북평초등학교를 대정(大正) 14년인 1925년, 6년제 학제로는 제1회로 졸업하였다.

일제 후반기에 아버지께서는 이도리 배골 동네가 세운 '이도학원'에서 학원장으로 인재양성에 힘쓰셨으며, 그 경력을 인정받아 해방 후 어수선한 시절 하장면 소재 갈전초등학교 교장으로 부임하셨다. 그 당시 갈전에는 불란서 파리 소르본 대학 출신 남용기 씨를 씨족장으로 한 '치랏 남'씨들의 텃세가 심하여 올곧은 선비 성격의 아버지께서는 그 직을 오래하지 못하시고 낙향하시었다. 그 분들과 타협해 가면서 더 오래 교직에 몸담으셨다면 아버지의 삶은 더 평탄하였을 것이다.

해방 후 북평중학교가 처음 설립되었을 때, 아버지께서는 중학교 설립 위원 중의 한 사람이었을 뿐만 아니라 그 교사(校舍)가 이 도학원에서 출범한 것을 연고로 하여 중학교 서무과장으로 몇 년 근무하셨다. 그러고 나서 같은 동네 초등학교 동창이며 경기고보 출신인 김진팔 씨가 삼화제철소 사장으로 재직 시 삼화제철소로 옮겨 다니시던 중, 사장이 6·25 전쟁 와중에 이북으로 피랍된 후에는 그 회사도 그만두게 되었다.

그 이후에는 동네 한복판에 정미소를 세워 한 3년 정도 운영하면서 쌀이 무엇보다 귀한 시절이라 경제적으로도 좀 안정을 누렸으나, 마을에 더 큰 정미소가 새로 생기면서 그 생업마저 계속할 수 없게 되었다. 중학교 시절 하교 후, 삯으로 받은 쌀 포대를 지게에 진 나와, 좀 작은 포대를 머리에 인 누이동생이 두 갈래 난 길로 누가 먼저 집에 도착하나 달리기 내기하던 기억이 노스탈쟈로 변하여 아련히 떠오른다.

세월이 흘러 형님 두 분이 학업을 마치면서 공무원과 교편을 잡게 되자, 드디어 가장으로서의 아버지의 어깨 짐은 한결 벗어나게 되었다.

그 이후, 민주당 정권 시절에는 읍 의원으로 당선되어 지역 발전에도 계속 관심을 두었으며, 나이 더 드시자 삼척향교의 장의(掌議)가 되시어 유림 사회에서 활발하게 활동하시었다. 역사적으로 삼척 유림에서는 북평읍 이도리와 근덕면 맹방리 두 마을에서 인물이 제일 많이 배출되었으며, 그러한 전통은 해방 이후에도 계속되어 이도리에서 제헌의원. 부의장 등 국회의원이 세 분, 재벌 총수도 한 분 배출 되었고, 또한 많은 마을 사람들이 공무원, 교육자로 진출하였다.

아버지는 목소리가 청아하여 어느 해 '강릉 율곡제' 때 축문을 고하는 영예를 얻기도 하였으며, 무릉계에 '금란정'을 신축하는데 주도적인 역할도 하셨다.

아버지의 호는 '추산(秋山)'이며 만산홍엽(滿山紅葉)이 무르익는 현란한 가을 산이 아니고 그 찬란한 잎들이 조락(凋落)한 오상고절(傲霜孤節)에 절개를 지키는 소나무를 연상시키는 이미지로서, 어쩌면 아버지의 기품과 어울려 남은 우리 자식들 마음 한 구석을 저미게 하는 이름이다.

고등학교 때부터 유학을 떠난 나로서는 아버지에 대한 추억이 다른 형제들에 비해 적을 수도 있으나, 내 기억으로 아버지께서는 과묵하신 편이고, 화내신 얼굴을 잘 보지 못한 것 같다. 여름 방학 때 집에 가면 아버지와 앞뒤로 서서 지게막대기로 인분 통을 들고 다니며 텃밭에 뿌리던 그 인분 냄새가 지금은 황금빛으로 변하여 아름다운 한 아름 그리움으로 다가온다.

일찍부터 집을 나온 나는 변변한 효도 한번 제대로 못해 드린 것이 지금껏 못내 회한으로 남아 있으나, 지금 생각해 보면 5·16 혁명 다음 해 대학 2학년 시절, 경복궁에서 박람회가 열렸을 때, 구경 차 상경하신 큰 아버지를 비롯한 우리 동네 어르신들께 박람회 안내를 맡음으로써 아버지의 어깨를 으쓱하게 해 드린 것이 효도라면 효도였다.

말년에는 고혈압으로 고생하셨으며, 73년 겨울 장터에서 유림분들과 정월 대보름 윷놀이를 하시던 중, '모'를 치고 기쁜 나머지 벌떡 일어나시다가 급작스런 뇌출혈로 "춘천! 서울!" 단 두 마디만 남기시고 이승을 떠나셨다. 아쉬움이 많이 남지만 그래도 윷놀이의 '모' 같이 인생을 마무리 하시지 않았나 생각해 본다.

춘천의 장남, 고향의 차남, 서울의 삼남, 그리고 마리아 수녀와 막내딸, 우리 5남매가 모여 슬픔과 우애 속에 집에서 7일장으로 유교식 장례를 성대히 치루고 아버지 영혼을 놓아드렸다. 조화 대신 만장(輓章)으로 조의를 표하던 그 시절, 백여 개가 넘는 만장천 속에 가족들의 슬픔을 싸안고 적골 조부모 묘택 옆에 유해를 묻은 후 아버지 없이 지나온 세월이 시나브로 40개 성상(星霜)이 되었다.

지난해에는 쇄운리 어머님 계신 곳을 가족 공원 묘역으로 아름답게 새로 조성하여, 적골의 조부모님과 아버지 유해를 곱게 손질한 후 유골함에 정성스레 봉함해서 그 가족 묘역으로 이장시켜 드렸다.

세월의 흐름과 함께 아버지 잃은 슬픔이 화석화 되어, 비록 유골로 뵈옵는 아버지이지만 아버지 뵈옵고도 감정이 이리 무딘 것에 대해 다시금 가슴 속에서 통절한 슬픔이 몸부림쳤다.

오늘 하루는 지나간 어제와 이어져 있고 다가올 미래와 닿아 있어, 이렇듯 오늘 하루는 영원 속에 이어져 지금 나는 그 영원을 살고 있다. 내가 오늘 아버지의 생(生)을 종이 몇 장에 이렇게 정리하다 보니, 영원 속에 살고 계시는 아버지와 나도, 결국은 다 함께 영원을 살고 있다는 감회를 느낀다.

너무 슬퍼하지 말자. 우리들 영혼의 정원인 초록산록 가족 공원의 철쭉, 배롱나무들이 영겁 속에서도 커가면서 붉은 빛을 더하리니….

〈아버지 生 (음) 1908. 12. 22- 卒 (양) 1973. 2. 14〉
〈2013. 정월〉

사라져 버린 꿈

지난해 오월 초하루 메이데이 휴무 날, 신록의 미소에 이끌려 아내와 함께 무작정 드라이브 길에 나선 곳은 양평군의 중미산이었다.

휴양림 길 따라 차츰 평지로 내려오자 처음 맞이하는 마을이 서종면 정배리이며, 길 양 옆으로 늘어선 조형물에는 정배리를 솥비마을이라고 병기해 놓았다. 잣나무로 둘러싸인 마을에는 제비꽃, 애기똥풀 등 야생화들로 곱게 꽃단장을 한 평화가 너무 아름다워 은행나무 밑 정자에 앉아 쓴 졸시가 '솥비마을의 고요'이며, 그 후 마을의 정취가 심상에 깊이 새겨져 이 시를 문예지에 기고까지 한 바 있었다.

정배리에서 10여 분 북한강 쪽으로 달리면 황순원 문학관인 '소나기 마을'이 있어, 지나는 길에 메일로만 인사가 있었던 안영관장의 안내로 문학관을 둘러본 후, 봄의 운치가 가득한 양수리 강변을 달려 환상의 하루 드라이브 길을 마쳤다.

일 년여의 세월이 흘러 올해 초봄 아내와 둘이서 양수리 일대를 다시 드라이브할 기회가 있었다. 내 시의 대상 마을인 정배리의 고요가 눈에 밟혀 근처 부동산에 들러 작은 필지의 전원 주택 용지를 하나 물색해 달라고 부탁한 지 얼마 후, 정배리에는 적당한 땅이 나오지 않고 작은 고개 하나 넘은 이웃 마을인 서후리에 알맞은 필지가 나왔다는 전갈을 받고, 전원 주택에는 알레르기 반응을 가진 아내 몰래 혼자 업자 따라 답사해 본 즉, 서후리는 도로가 끝나는 산으로 둘러싸인 분지로서 얼핏 보면 이상향인 샹그릴라를 연상시키는 고요와 평화가 짙게 배어 있는 아름다운 마을이었다.

대상 토지도 거북바위 계곡과 청량한 공기가 흘러 내려올 듯한 임간도로가 인접한 나무랄 데가 없는 백여 평의 알맞은 면적으로서, 몇 주간 주일미사 때마다 이 땅을 살 수 있는 은혜를 베풀어 달라는 기도 끝에 어렵사리 토지 소유주의 승낙을 받아, 아내한테는 내용을 알리지도 않고 합의 금액대로 계약을 덜컥 해 버렸다.

매매 계약을 하고 난 후에는 조립식 주택 모양과 조경 등 집 지을 계획으로 가슴이 한껏 부풀어 올랐으나, 다른 한편 어떻게 하면 아내한테 이 사실을 스무스하게 알려 주느냐로 노심초사하다가, 한 일주일 지난 주말 분위기를 보아 슬쩍 이야기를 꺼내는 순간 예상을 초월한 반대에 부딪혀 버렸다.

아내는 오래전 진접읍에 작은 전원 주택을 갖고 있을 때 혼자 그 집 관리를 하느라고 고생한 기억이 생생한 가운데다가, 근래 들어서는 허리, 무릎 관절 모두 수술 단계 임계점에 이르렀고, 그

외에도 이런저런 병으로 심신이 극도로 예민해 있는 시점에, 집안에서 못 하나 박는 재주도 없는 남편이 작년에는 낙상과 교통사고까지 당해 뒷바라지로 넋이 나갔던 마당에, 비록 손바닥만 하나마 집 하나 따로 갖고 있다가 또 무슨 변고를 당할지 몰라 이처럼 극구 반대했던 것이다.

계약금은 지급한 상태이나, 지금 그러한 금전적인 손해는 전혀 고려의 대상이 되지 못하는 형편이고, 당황한 나머지 나는 해외에 나가 있는 아들과 딸에게 지원요청을 하였으나, 자식들마저 나의 무재주와 엄마 건강 걱정으로 둘 다 모두 엄마 편에 서는 바람에, 나는 고립무원이 되어 손재(損財)와 함께 나의 꿈을 접지 않을 수 없게 되었다.

사실 내가 구상하고 있던 전원 주택은 말이 주택이지 10평 미만의 작은 목조 조립 주택으로서, 은퇴하면 가까운 거리에 출퇴근하듯이 다니며 잔디밭에 풀 뽑고 작은 화단에 야생초 가꾸면서 맑은 공기 속에 책 읽고 글이나 쓰려는 너무나 소박한 꿈이 담긴 그러한 집이었다. 선비 집안의 후손답게 집은 비록 누옥(陋屋)이지만 현관 입구에는 한학자인 홍 고문이 지어 준 나의 또 다른 호인 소암(素岩)이 들어간 '소암재(素岩齋)'란 편액까지 걸어 둘 요량으로 나의 꿈은 무한대로 뻗어 가고 있었다.

거북바위 계곡은 고향의 무릉계곡을 떠올리게 하며, 대상 집터에서부터 시작하는 흙길 도로를 산책하노라면 지천으로 둘러쳐진 잣나무에서 뿜어 나오는 피톤치드가 온몸을 감싸 줄 테고, 무딘 내 가슴에서도 시상이 떠올라 문인으로서의 최소한의 할당량도 채울 수 있을 것만 같아, 꿈은 꿈을 낳아 꿈의 나래가 창공을 훨훨 날아다니고 있을 즈음이었으나, 아내의 심신이 가장 쇠한 시점에서 완강한 만류에 내 꿈만 더 주장하다가는 결혼한 이래 쌓아올린 우리 부부애의 간극뿐만 아니라 아내의 건강마저 크게 염려되어 일단은 내 꿈을 접기에 이르렀다.

꿈을 접고 난 지금, 만개한 순백의 목련과 샛노란 개나리가 아파트단지와 탄천을 온통 꽃으로 장식하고 있으나, 내 눈에는 모두 희망이 사라진 회색으로 보일 따름이었다. 또한 그 후 놓쳐 버린 이상향 마을이 꿈에 몇 번이나 나타났으나 이 모두 내 마음과 꿈속에 나타나는 현상으로 아내 눈에는 보일 리 만무한데, 그런 내게 아내는 그 후 몇 번씩이나 “땅 사는 일 그만 둔 걸 잘했지요?” 라고 반문하곤 하였으니, 내가 아내의 말에 무어라고 말할 수 있으랴! 그저 묵묵부답일 뿐이었다.

나는 이 나이 되도록 수많은 도전을 거쳐 이루고자 하는 꿈은 대부분 이루었으나, 어떻게 보면 가장 수월하리라고 보았던 이번 일을 겪고 나니 마음은 구멍이 뻥 뚫리고 허허로울 따름이며, 지금까지 사회 생활하면서 쌓은 지혜에도 불구하고 이처럼 사소한(?) 가정사 하나를 아내에게 설득하지 못하는 나의 무능에 아쉬움을 느끼지 않을 수 없었다.

그렇지만 사람인 이상 아무리 작은 꿈이라도 꿈이 없으면 살아 있다고 할 수 없는 이치이니, 나중에라도 아내 건강이 호전되고, 자식들도 엄마 편이 아닌 중립 내지 내 편에 기울여 준다면 이 소박하고도 작은 나의 꿈이 완전히 사라져 버렸다고는 볼 수 없는 날이 올 수도 있을 것으로 기대해 본다.

지금 우리 아파트 화단의 모란꽃 몽우리가 한껏 부풀어 올라 며칠 지나면 그 황홀한 자태를 얼마 동안 뽐내다가 비 한 번 맞으면 초라하게 지고 말 것이다. 요즘 내 심사가 꼭 김영랑 시인의 '모란이 피기까지는'이라는 시에 나오는 시구(詩句) 같다.

> 천지에 모란은 자취도 없어지고
> 뻗쳐오르던 내 보람 서운케 무너졌느니
> 모란이 지고 말면 그뿐
> 내 한 해는 다 가고 말아

삼백예순 날 하냥 섭섭해 우옵네다.

아들딸 자식들이 시인 애비가 하냥 섭섭해 울어서 흘린 가슴 속 눈물이 몇 됫박이나 되나 알고나 있는지? 섭섭한 녀석들 같으니라구!

〈만발한 꽃잎들이 낙엽처럼 가슴 속으로 흩날리는 2013. 4월 어느 날〉

사라져 버린 꿈을 몽매에도 잊지 못하고 모란이 피기까지 나의 봄을 계속 기다리고 있던 중, 몇 개월이 지나는 사이에 나에게 큰 변고가 찾아왔다.

8월 초 오랫동안 앓던 협심증을 검사받기 위해 아산병원에 입원하여 체크해 본 결과, 평소에 알고 있던 우(右) 관상동맥 외에 좌(左) 관상동맥마저 완전히 막혀서 돌연사의 위험이 있으므로 심장 우회수술을 받아야 한다는 주치의의 권유에 따라 계속 입원해서 수술을 받은 후, 한 2주 동안 악전고투의 투병 끝에 퇴원하여 지금은 정양 중에 있다.

유난히도 더웠던 금년 여름, 막바지 더위가 한창이던 말복 날 밤, 고통으로 잠을 이루지 못하고 있다가, 어차피 잠 못 잘 바에야 이 투병 생활을 시로 읊어 봐야겠다는 생각에서 쓴 것이 졸시 '아차산 초승달'이다.

그 후, 이 시를 정서하여 심장 병동 간호사실에 건네 주어 밤낮으로 환자들을 위해 수고해 주는 백의의 천사들을 위로해 주기도 하였다.

나이 들어 큰 수술 받고 심신이 쇠잔해진 지금 되돌아보면, 봄에 아내가 그처럼 반대했음에도 내 고집대로 그 전원 주택지 계약을 성사시켰더라면, 작은 필지에 조립식 주택이라지만 내가 앞으로 도저히 그 집을 감당하지 못하리라는 것은 너무나 명백한 사실이 되어 버렸다.

우스갯소리로 필드 라운딩 중 도우미의 조언을 무시하고 공을 쳤다가 한 타 더 먹고 난 후 플레이어들이 하는 말이 여자 말 들어 손해 보는 일 하나 없다고 하듯이, 이번 일도 아내의 만류를 내가 따랐기에 노후에 큰 짐 하나 내려놓은 것 같아, 아내의 선견지명에 대해 고마움과 감사의 마음이 절로 드는 요즘의 심경이다.

〈2013. 9. 10〉

축시 낙수(祝詩落穗)

나이 지긋한 나로서 다른 사람을 위한 축시를 쓴다는 것은 전에는 생각조차 해 볼 수 없는 일이었다. 축시는 남의 영광스러운 경사를 축하해 주거나, 산수(傘壽), 미수(米壽) 등 수연(壽宴) 자리에서 상대방의 장수를 축원해 주기 위해 써 주는 시로서, 일반적으로 이름이 널리 알려진 시인에게 상대방 측에서 요청이 있을 때 써 주는 시이기 때문이다.

시라고는 손주들의 재롱이 눈에 밟혀 습작해 본 '우리 집 강아지들'과 어머니에 대한 서사시 '사모곡(思母曲)' 등 겨우 몇 편 써본 것이 전부인 나에게 상대의 요청이 아니라 내가 자발적으로 써 볼 기회가 마침내 찾아왔다.

고등학교 3학년 시절, 우리 반 담임 선생님은 모교 선배로서 우리 학교에 부임하시어 젊음을 연소시키며 많은 제자들을 우수 대학에 입학시킨 참스승이셨다. 나도 그러한 제자 중의 한 사람으로 지금까지 사회에서 활동하고 있으며, 선생님께서 가르쳐 주신 영어 실력으로 대학에서 전공과는 동떨어진 영미시를 학생들에게 소개해 줄 수 있는 은혜를 입게도 해 주신 분이다.

수년 전 선생님의 팔순(八旬)을 맞이하여 우리 반 몇 명의 주도로 산수연 회식 자리를 만들어 드렸을 때, 용감하게 내 시 실력(?)을 발휘하여 '산수 맞으신 담임 선생님께'란 제목의 축시를 지어 선생님을 비롯한 동기생들에게 나의 일방적 판단으로 기쁨과 감동을 선사한 일이 있었다. 마지막 연(聯)에서는 10년의 수레바퀴 두 번 굴러 선생님 백수연과 제자인 우리들 미수연 함께 열어 큰 잔치 벌일 때까지 만수무강을 빌면서 마무리하였다. 그 다음 해 스승의 날에는 시 제목을 '영원한 스승'으로 바꾸고 액자에 정성스럽게 넣어드려 축시 하나로 제자로서의 최소한 도리를 다해 드린 바 있었다.

모교 졸업 50주년 홈 커밍 행사 때는 모교 강당에서 서울, 강릉 동기생들과 총동창회 및 학교 교장 등 축하객들이 운집한 가운데, 시로 등단하기도 전인 나는 어떤 사명감(?) 같은 것을 느껴 '50년 만의 귀향'이란 축시를 지어 낭독함으로써 그 자리를 더욱 뜻 깊게 해 준 바도 있었다. 어차피 까까머리 고등학교 때의 추억을 떠올리는 내용이므로 동기생들에게는 감회가 새로웠을 테고, 모교 동창회 카페에도 올려진 그 글을 읽은 후배들한테서 전화를 받기도 했다.

지난해는, 평안남도 청천강변 안주 고을에서 월남하여 6·25 참전 후, 우리 그룹 및 사회에서 사십 수 년 간 동고동락한 조 회장님의 산수를 맞이하여, 그분과의 업무적인 일 외에도 골프와

잡기로 쏠쏠하게 부수입을 올린 나로서는 그 업보를 갚는 의미로 '청천강 대형(大兄)'이란 제목의 축시를 지어 수연 자리에서 읽어 드렸다.

이북 출신으로 그룹 외에는 아무런 연고가 없는 그분으로서는 한참 후배 되는 내가 이런 축시를 지어 읽어드린 것만도 뭐한데, 아래 옮겨 놓은 마지막 연은 그분의 심금을 울리기에 충분하여, 회식 자리에서 낭독이 끝날 무렵 그분의 눈시울이 붉어진 것이 내 눈에 얼핏 비치기도 하였다.

꿈 속 그리던 통일의 그날
고향 마을 고샅길 지나 정든 집 마당에서
어머님 그림자 안고 소리 없는 통곡을 하고 나서
살수(薩水)에 배 띄워 물고기 떼들의 환영깃발 속에
격양가를 부르며 뱃놀이 할 때까지
서녘 노을 붉게 물들이며
제2의 청춘을 오래오래 누리소서!

이 축시 액자가 조(趙)씨 가문의 문화 유물로 대대로 전해질 것으로 기대하면서, 또한 내가 소개하기가 좀 계면스러운 면도 없지 않지만 조 회장님의 축시와 얽힌 이야기 하나를 더 해 보자면, 우리 그룹 출신 고위 임원 중 재담가 한 분이 이 축시를 읽어 보고 나서 내가 만일 이북 사회에서 김정일에게 이러한 칭송시를 지어 올렸다면 장관 자리는 하나 하사받았을 것이라는 농담을 한다. 내 시의 묘사보다는 조 회장님의 면면이 그 만큼 훌륭하다는 반증일 것이다.

최근 일로는 내가 신입 사원으로 입사할 때 담당 상무이셨으며 나와는 45년간 각별한 인연을 이어오고 있는 동천(東天) 홍 회장님의 미수(米壽)를 맞이하여 동향 어른으로 그분의 인품을 누구보다 잘 알고 있는 나로서는 그냥 지나칠 수 없어서, 미수 수연 자리에서 그분을 나다니엘 호손의 《큰 바위 얼굴》에 나오는 어니스트로 이미지화 하여 '두타산 큰 바위 얼굴' 이란 축시를 지어 헌정했다.

시에도 나오지만 그분과의 공·사간 일화는 몇 소쿠리로도 다 주워 담을 수 없을 정도로 많으며, 그분의 겸손, 사랑, 애향을 상징적으로 읊은 연을 옮겨 본다.

> 언제나 겸손의 잎으로 푸르시고,
> 언제나 사랑의 꽃으로 화사하시며,
> 언제나 애향의 아름다움으로 빛나시는 회장님은
> 동쪽 하늘(東天)에 온유의 별빛 은은하게 비추시는

고향의 큰 어른으로 떠오르셨고,
흐르는 세월의 강물 속에, 어느 덧 둥그런 마음 서로 닮은
동해인에게는 나다니엘 호손의 '큰 바위 얼굴' 에 나오는
두타산의 어니스트로 우뚝 서시었다.

뒷들 모임 두타회에서 이 축시를 보신 우양(愚羊) 정 선배께서 이 시를 본인과 인척 관계인 조 회계사에게 건네 주었는데, 이 시를 읽어 본 조 회계사는 우양 선배가 2년 후면 희수(喜壽)가 되는데, 내게 그분의 희수 축시를 지어 달라는 주문을 해왔다.

나도 내 스스로가 아니라 드디어 다른 사람의 경사에 축시를 지어 달라는 주문을 받았다는 이 기쁨(?)을 글로 써야 될지 잘 모르겠지만, 온 몸으로 사랑을 실천하고 계시고 참 애국자이신 선배님께 아마추어 시인인 내가 2년 후 축시를 지어 올린다는 것이 용기가 나지 않았으나, 일단은 시간을 더 벌 수 있기도 하고 또한 내 시력(詩力)이 좀 더 향상되기를 기대하면서 우양 선배의 미수 때 축시를 지어 주기로 조 형한테 약조했다.

물론 이 축시가 성사되기 위해서는 그 때까지 우양 선배, 조 형, 그리고 나를 포함한 세 사람 모두 건재해야 되겠지만, 장수시대를 맞아 이 축시를 위해서라도 우리 모두 오래 살아야 되겠다고 혼자 생각해 보기도 했다.

그리고 축시는 아니지만 남에게 기쁨을 선사해 준다는 의미에서는 비슷한 시 두 편을 더 소개해 보면, 하나는 마리아 수녀 누님의 여고 동창 클럽 누님들에게 근래 식사를 대접하면서, 나의 중학 시절에 친 누님같이 가깝게 지내던 옛 추억을 떠올리며 '누님들에게 바치는 시' 란 제목의 시를 지어 올려 황혼의 누님들의 심금을 울린 일이고, 또 하나는 나의 고희 귀 빠진 날 옛 나의 비서 다섯 명을 처음으로 모두 불러 모아 우리끼리 생일 잔치를 하면서 재직 시 몸을 돌보지 않았던 그들의 노고를 치하해 주고, 우리 인생의 황금 시절을 되돌아보며 '약속 지키기'란 제목의 시를 지어 읽어 주면서 이제는 할머니, 아주머니들이 된 옛 동료 여직원들과 감동어린 자리를 가진 일이다.

축시는 엄격히 따져서 순수시라기보다는 일종의 행사시로서 시의 문학성과 미학(美學)보다는 당사자와 참가자의 대중적 관심에 무게를 두는 글로 시집에 올리지 않는 것이 일반적이나, 나의 경우 위에서 예를 든 축시들은 다른 시들에 비해 몇 배나 정성을 들였고, 그분들에게 깊은 인상과 울림을 준 시들이라는 생각에서, 앞으로 상재(上梓)할 내 시집에는 우선적으로 실을 생각이다.

어쨌든 축시는 보통 글과 달리 아무나 쓸 수 없는 귀한 글이다. 앞으로도 다른 사람들의 청탁이 있든 없든 남을 기쁘게 해 주는 봉사의 마음으로 축시를 쓸 기회가 많았으면 하는 바람이다.

〈2013. 5. 31〉

눈물 선물

이인평 아우구스티노 시인과는 몇 해 전 마리아 수녀 누님을 통하여 알게 되었다. 첫 인사로 그분의 신앙 시집인《가난한 사랑》을 한 권 보내 주었는데, 거기에 스스로를 '어리석은 작은 시인' 이라고 소개하는 겸손을 보여 주어 나한테 신선한 인상을 남긴 바 있다.

그 사이 가끔 내 습작시를 메일로 보내 주면서 평을 청하면, 다른 시인들의 시각을 의식하지 말고 내 내면이 일러 주는 대로 쓰면 그것이 나만의 개성적인 시가 될 수 있다는 그분의 격려에 힘입어, 지금까지 내게 계속 시를 쓸 수 있는 용기를 준 고마운 분이다.

그리고 무엇보다도 그분은 시집 제목에서도 알 수 있듯이 '가난'과 가까이 지내고 사는 분이지만, 그 시집의 '첫 장 〈촛불처럼〉에서 '주님의 사랑 안으로 타들어 가는 한/ 제 가난도 굶주리지 않을 것입니다'라고 읊었듯이, 주님 품에 안겨 주님 뜻대로 사는 분이므로 가난을 부끄러워하기보다는, 명징한 가난의 샘물에서 반짝이는 은총의 시어를 길어 올리는 시인임을 알게 되었다.

또한 그 시집을 읽어 보면, 그분의 깊이를 알 수 없는 성경 지식에, 언뜻 지금은 고인이 된 최인호 작가의 모습이 함께 연상되기도 했다.

그 이후에는《명인별곡》이란 인물시집을 출판하여 우리나라 시문학사에 '인물시'란 새로운 장르를 개척하는 데 앞장서기도 했다. 인물시는 대상 인물의 내면 세계를 그려야 하기 때문에 시인들이 쉽게 접근하기 어려운 분야인데도, 이 시인은 아름다운 혼을 지닌, 이 시대의 선비들인 문화 · 예술인에 대한 인물시를 15년 넘게 써 왔고, 그중에서 77인의 명인을 골라 《명인 별곡》 제1집을 엮어 냈다. 동서고금의 해박한 지식을 바탕으로 쓴 인물시집 《명인별곡》은 우리나라 시문학사에 길이 남을 명품 시집이다.

이 시인과 신앙 속에서 시(詩)로 서로 교유하고 있던 연 전에, 내가 그분에게 작은 사랑이 담긴 위로를 전해 주자 그분은 한 됫박 눈물의 선물을 메일로 보내 주어, 내가 그 고운 심성에 가슴이 아려, 아래의 「눈물 선물」이란 졸시를 지어 전해 준 바가 있다.

눈물 선물

– 이 아우구스티노 시인께

아직 목소리조차 한 번 들어 보지 못하고
신앙 안에서 메일로만 주고받는
나의 시작(詩作) 멘토, 아우구스티노 시인님

독보적인 인물시와 신앙시로 우리 가슴 적셔 주시는 분
《명인별곡》 시집에서 문화 · 예술계 거장들을 기리는
천의무봉(天衣無縫)의 붓끝은
동서고금 온갖 지식의 보따리를 풀어 놓는다

물정 어둔 시인은 골 깊은 불황에 두 손 들고
서툰 일로 마음이 검푸르게 멍들었어도
날마다 십자가 지고 골고다 언덕에 올라
그 어느 날의 부활을 굳게 믿고 힘차게 노래하는 시인님

'나는 광야에서 당신을 찾고 있다
고통스런 내 생명의 숨결이 바로 당신이라는 것을
내 영혼에게 알려 주고 계신 신이여
끝내 이 광야의 고난에서 나를 구하실 전능하신 신이여'
라는 신작(新作) 시(詩)로 두 손 모아 기도하는 시인님

광야의 절규에 가슴이 아리어
내가 해 준 작은 위로를 마음에 깊이 담아
한 됫박 눈물의 선물을 메일로 보내 온 시인님
그 결 고운 마음씨에 나 또한 한 종지 눈물이 고인다

신은 메마른 영혼에게 단비를 내리시고
아름다운 영혼엔 새맑은 눈물로

날마다 새롭게 태어나게 하시니
그 고통은 더 빛날 시를 잉태하리라

힘내세요! 아우구스티노 시인님
그분이 계시잖아요!

내 시를 접한 이 시인은 며칠 지나지 않아 동일한 제목과 동일한 연과 행의 모습을 갖춘 화답시를 나한테 보내 왔는데, 아래의 「눈물 선물」은 바로 나에 대한 그의 인물시다.

눈물 선물

-김기덕 시인께

이 인 평

비 내리는 오후에 창밖을 바라보다
눈을 감고 그를 생각하니 마음이 눈물에 젖는다

노경에 이르도록 그가 살아온 여정의 아름다움이
그의 시의 행간에 감돌고 있어서가 아니라
그가 느껴온 인간적인 감흥이 시어에 깃들어서가 아니라

바로 그의 대범한 자비심과 자상한 사랑의 진폭이
여명의 파도 같은 감동의 울림을 이끌고
내 가슴에서 단비처럼 쏟아져 내리기 때문이다

그는 맡은 바 대기업을 지휘해 온 탁월한 역량만큼이나
이 땅의 산업발전에 이바지해 온 업적만큼이나
삶의 철학과 이상에다 다감한 운율을 곁들인 까닭에
걸어온 과정과 결실이 시와 보람으로 부드럽게 짜여 있다

그의 시는 곧 그가 간직해 온 서정을 갈무리한 듯
내면의 정한을 그리움의 요람에 담아 낸 동심이었다
그의 맑은 영혼의 흐름이 추억으로 스며들고 있어
향수적인 사유의 화면 가득 펼쳐진 심상마다
수묵화처럼 인생 전체로 번져 간 그리움이 어려 있었다

누구든 그의 삶과 시에서 선덕(善德)의 깊이를 보게 되리라
중후하게 세련된 자애로운 성품과 더불어
어려운 이에게 베풀어진 그의 관대한 인정을 만나는 순간
이미 나에게 감동의 눈물이 선물로 안겨졌던 것처럼
만남의 은총과 자비에 안겨지는 기쁨을 함께 느끼리라

비 내리는 창밖을 바라보며 그를 생각하니
말없이 베풀어 준 그 사랑에 온 마음이 눈물 젖는다

이렇게 메일만 주고받던 우리들이 마침내 얼굴을 맞대게 될 기회가 왔는데, 그것은 지난 해 11월이었다. 지금은 고인이 되신 구상, 성찬경 시인과 현 예술원 회원이신 박희진 시인 세 분이 35년 전 '공간시낭독회'를 창립하여 지금까지 계속 유지해 오고 있는데, 그 모임의 회장을 맡고 있는 이 시인께서 400회 기념 행사에 나를 초청해 주어, 남산 '문학의 집' 행사장에서 그분을 만나게 되었다. 처음 뵙는 그분은 풍모가 수려하고 하느님의 은총이 몸을 은은하게 감싸고 있는 듯한 인상을 지닌 분으로서, 그날 뜻밖에도 좋은 천에다가 인쇄하여 만든, 본인이 지은 「눈물 선물」을 나에게 선물로 건네 주어 나를 또 한번 감동하게 했다.

그러한 문인 모임에 처음 나가 본 나는, 그 낭독회의 유일한 창립 회원인 박희진 시인이 하얀 한복에 흰 수염을 휘날리며 지팡이로 연단 마루를 쿵쿵 누르며 본인의 시를 읊는 모습에서 선계의 신선이 노니는 모습을 보는 듯했다.

또 하나의 감동은 96세의 노 시인인 황금찬 선생이 단상에 올라 김광균 시인의 '향수'란 장문의 시를 원고 없이 외워서 읽는 장면이었는데, 나와 동향인 그분의 건강한 모습에 한번 놀랐고, 그 연세에 그 장시를 외워 읽을 수 있는 총기(聰氣)에 다시 한번 놀랐다.

정지용 시인의 '향수'는 노랫말로도 널리 알려져 외우는 사람이 많이 있으나, 동시대의 김광균의 이 시는 '저무는 도시의 옥상에 기대어 서서' 같은 시구에서 볼 수 있듯이 도회적인 시어가 많은 데다가 조금은 삭막하여, 나중에 내가 그 시를 외워 보겠다고 스마트폰에 저장하여 노력하고 있으나, 아직까지도 유창하게 외우지 못하고 있다.

「눈물 선물」이란 시 제목의 글이 어쩌다가 훌륭한 노 시인들을 보게 된 이야기로 곁가지를 쳐가면서 길어졌다.

나는 아우구스티노 시인과 견주어 볼 때 신앙심과 시력(詩力) 면에서는 비교 자체가 되지 않지만, 그래도 같은 신앙을 갖고 같이 시를 쓰는 입장에서 그분과 우정이랄 수 없는 우정이 오래토록 지속되었으면 하는 마음이다.

〈2014. 02. 10〉

생가 노송(生家老松)

나의 생가는 두타산에서 발원하여 동해로 흐르는 전천 제방 아래, 일정시대에 지은 빨간 양철지붕 집이다.

집을 지을 당시엔 솔밭 가운데에 자리 잡고 있었으나 다른 소나무들은 세월의 격류 속에 모두 사라지고, 생가 마당가에 오롯이 한 그루만 귀하게 살아남아 말발굽 같은 철갑 외피로 무장한 채, 지금은 한 아름이 넘는 우람한 노송의 자태로 우리 집안의 수호신처럼 가족들을 지켜 주고 있다. 그야말로 우리 가족과는 살붙이 같은 특별한 소나무다.

지금은 돌아가시고 안 계시지만 이 노송을 대할 때면 어머니 생각이 떠오르곤 한다. 6 · 25동란 중 땔감이 아주 귀한 시절, 아버지께서는 급한 대로 몇 번이고 마지막 남은 이 소나무마저 땔감으로 베어 쓰려고 하셨으나, 그럴 때마다 어머니께서는 아버지를 만류하시면서 소나무를 지켜 주셨다. 그 대신 우리 삼 형제는 학교 수업이 끝나자마자 지게를 지고 산에 가서 나무를 해옴으로써 어머니와 더불어 이 소나무의 죽을 고비를 함께 넘겨 주곤 하였으니 그야말로 한가족이요 살붙이가 아닐 수 없다.

이러한 내력이 깃들어 있는 노송은 우리 다섯 남매에게는 어린 시절에 대한 애틋한 향수와 어머니에 대한 그리움이 깃들어 있는 마음의 고향이다.

우리 어머니는 원래 뼈대 있는 홍씨 가문에서 태어나셨다.

방년 나이에 이웃 마을의 청빈한 선비 집안으로 시집을 오셨고, 그 어려운 시대에 우리 다섯 남매를 낳아 애지중지 키우시느라, 여느 어머니들 못지않게 허리 한번 제대로 펴 보지 못하신 채 숱한 고생만 하시다가 이제 번한 세상을 좀 보려는 무렵에 끝내 이승을 떠나셨으니 자식들 마음이 늘 아리지 않을 수가 없다.

어머니를 생각하면 어린 시절 어머니 손을 잡고 외가에 나들이 갔을 때가 떠오른다. 한밤중에 외갓집 뒤란의 울울창창한 대나무 숲에서 '휘~익!' 하고 불어오는 바람 소리가 마치 귀신 소리로 들려와서 겁결에 어머니 치맛자락에 매달렸던 추억은 세월이 지날수록 새록새록 그리움으로 다가온다.

한편 초등학교 시절, 내 생(生)에 처음으로 효도해 드린 일도 생각난다. 전쟁 중 운크라 원조물자인 밀가루로 만든 수제비와 보리개떡으로 끼니를 때우고, 어머니와 함께 삼화 버덩으로 쑥 캐러 다녔던 초등학교 6학년 때로서 휴전 직후 한창 곤궁했던 시절의 일이었다.

가을의 따사로운 햇살이 고향의 드넓은 '뒷들'(北坪)에 내리쬐던 어느 날, 향토기업이 주최한 읍내 초등학교 대항 '반공' 주제 웅변대회에서 내가 1등을 차지했다. 내가 웅변을 잘 해서라기보다는 다른 학교 학생들이 하나같이 원고를 보면서 읽어 내려갈 때 나는 원고를 외워 읽음으로써 1등을 하게 되었으며, 그 상품으로 쌀 한 가마니를 받아 집으로 가져왔을 때, 어머니와 내가 느꼈던 그 기쁨과 그 효도에서 오는 뿌듯했던 마음은 지금 생각해도 아무리 큰 저울로도 달아 낼 수 없는 감동 그 자체였다.

또한 내 어릴 적, 부뚜막에다 고사떡을 차려 놓고 삼신할머니에게 자식들 잘 되게 해 달라고 두 손 비벼가며 고사를 지내시던 어머니의 그 경건하고도 엄숙한 모습은 지금까지도 내 마음속에 선명한 영상으로 뚜렷이 새겨져 있다.

대학 시절에는, 대처에서 한 학기 학업을 무사히 마치고 귀향하는 아들을 기찻길 옆 생가 노송 아래에서 기다렸다가 기차 칸 계단에 아들 모습이 보이자 곧 재회할 반가움에 팔이 빠지도록 손을 흔들어 반기시던 어머니의 모습과, 또한 방학을 마치고 상경할 때 노송 아래 서서 다시금 한 학기 동안 못 만나게 될 막내아들에 대한 석별의 아쉬움을 안고 무명수건 흔드시던 모습을 떠올리면, 언제나 아련한 감회에 젖어들곤 한다. 어머니와 노송의 정감이 함께 어우러진 아름다운 추억의 풍경이 아닐 수 없다.

내가 장성하여 일가(一家)를 이룬 뒤엔 아버지께서 먼저 소천(召天)하셨으므로, 고향에 혼자 남은 어머니는 막내아들이 사는 서울의 우리 집으로 나들이를 오시곤 하셨는데, 나는 세상살이에 쫓겨 바쁘다는 핑계로 동물원 구경 한 번 못시켜 드렸고, 요즘에는 일상화된 외식 한 번 제대로 대접해 드리지 못한 일들이 내 나이 일흔이 넘어서도 가슴 속에 회색의 회한으로 남아 있다.

지나온 세월의 무게에 짓눌려 어머니 몸이 쇠잔해지면서 서울 나들이가 어려워지자 매 주말마다 고향 집에 전화를 걸어 어머니 목소리 들으며 문안 올린 것이 내 효도의 전부라면 전부였다. 막상 나무 등걸이 삭아 넘어지듯 천수를 다해갈 즈음, 병원에 입원하여 손발이 침대에 묶인 상태에서 수혈을 받으면서 그 고통에 못 이겨 무의식 속에서도 "기덕아! 기덕아!" 하며 막내아들 이름을 단말마로 부르셨을 땐 내 가슴이 갈갈이 찢어지는 듯하였다. 그 다음 날, 그래도 나의 어머니 홍 조반나는 편안한 모습으로 주님 곁으로 돌아가셨으니, 고향의 노송인들 어찌 제 은인의 임종을 못내 슬퍼하지 않았으리…

지금도 명절을 맞아 성묘하러 고향에 갈 때면 마치 어머니가 손짓하듯 노송이 제일 먼저 나를 반긴다. 어머니 영혼이 깃들어 있는 노송에 손을 대면 어머니의 채취가 묻어나는 듯하나, 뒤를 돌아 보면 어머니 그림자조차 보이지 않아 내 가슴 속으론 한없는 서글픔이 스쳐 흐를 뿐이다.

어머니 가신 지도 벌써 십수 년 남짓, 세월의 햇수야 영원 속의 찰나에 불과하지만 어머니에 대한 마음속 목마른 그리움은 영원처럼 쌓여만 간다. 초록산록 양지 바른 안택에 몸 누이시고, 열두 폭 병풍 펼쳐 놓은 듯 아름다운 취병산을 눈이 시리도록 바라보시며 하늘나라에 가셔서도 자손들 안녕을 밤낮으로 빌고 계실 어머니!

어머니를 여읜 내 슬픔도 시간 속에 풍화되어 눈물이 마르고, 어느덧 가슴 저려옴이 무디어져 더 불효자 되기 전에, 이 사모곡을 지어 고향 생가 노송과 더불어 마음에 아로새겨 본다.

어머니 부름 받아 이 세상에 태어난 우리 다섯 남매는 이제 여든 줄, 일흔 줄에 접어들어 앞서거니 뒤서거니 어머니 곁으로 돌아갈 나이테들이다. 이미 초록산 기슭 유택에 배롱나무, 영산홍 심어 우리 가족들 영혼의 정원을 아름답게 꾸며 놓았고, 내 살아있는 동안 이 정원에 세울 나의 묘비명 '영원한 고향'도 미리 써 놓아 천국에서도 어머니와 영원을 함께 할 준비가 되어있다.

영원한 고향

긴 여로 끝에
영원으로 가는 길목

어머니 품으로 돌아와
초록산 하이얀 달 그림자
홑이불 삼아
깊고 고요한
푸른 잠을 자렵니다.

〈2014. 5. 26〉

한여름 밤의 연가 • 김기덕 산문집

초판 1쇄 • 2014년 7월 30일

지은이 • 김기덕
펴낸이 • 이형로
펴낸곳 • 도서출판 황금마루

출판등록 • 제2010-000158호
주소 • 우편번호 412-818
경기도 고양시 덕양구 능곡로 30-11, 103동 2503호
(토당동, 현대1차 홈타운)
전화 • 031-979-9908
핸드폰 • 010-5286-6308
이메일 • iplee6308@hanmail.net

값 • 16,000원
ISBN • 978-89-965832-4-0